营销基本功

罗建幸 / 著

机械工业出版社
CHINA MACHINE PRESS

三十年磨一剑，铸就本书。营销内功篇，阐释重要营销理念、分析方法、战略思维等，其中"3C营销三角模型"系至尊营销心诀，不可不练！营销外功篇，包括产品组合、渠道建设、销售技巧等，基中"精准广告、KOL口碑营销"等新媒体传播手段不可不学！营销管理篇，侧重于营销计划、营销过程、渠道价格和客户管理，以及营销人员的管理。本书两大特色：实用，所有章节都源于营销实战痛点的总结提炼；适用，所有章节都特别提示相关岗位和行业的阅读人群。本书适合B2C、B2B营销人（营销策划人员、销售人员、中高层管理者），以及对营销感兴趣的在校学生、社会人士阅读。

图书在版编目（CIP）数据

营销基本功 / 罗建幸著. — 北京：机械工业出版社，2020.5
ISBN 978-7-111-65814-6

Ⅰ.①营… Ⅱ.①罗… Ⅲ.①营销-基本知识 Ⅳ.①F713.5

中国版本图书馆CIP数据核字（2020）第098818号

机械工业出版社（北京市百万庄大街22号 邮政编码100037）
策划编辑：朱鹤楼 马 佳 责任编辑：朱鹤楼 马 佳 於 薇
责任校对：黄兴伟 责任印制：孙 炜
保定市中画美凯印刷有限公司印刷

2020年7月第1版第1次印刷
145mm×210mm・7.875印张・130千字
标准书号：ISBN 978-7-111-65814-6
定价：58.00元

电话服务 网络服务
客服电话：010-88361066 机 工 官 网：www.cmpbook.com
　　　　　010-88379833 机 工 官 博：weibo.com/cmp1952
　　　　　010-68326294 金 书 网：www.golden-book.com
封底无防伪标均为盗版 机工教育服务网：www.cmpedu.com

前言

这是信息大爆炸的网络时代,这是新营销概念层出不穷的新经济时代。

粉丝营销、社区营销、流量营销、互动营销、新媒体营销……新理念百花齐放。

乱花渐欲迷人眼,新人迎来旧人弃。

传统的经典营销理论真的过时了吗?SWOT分析、定位、STP、4P等理论的提及率和关注度越来越低,这些经典营销理论真的无用武之地了吗?

非也!理论恒久远,经典永留传!

经典的,才是永恒的。无论时代如何变,营销的底层逻辑不会变!

经典营销理论是根基,新营销概念是侧枝、是绿叶。没有根深,哪有叶茂?

经典营销理论是武术的基本功,新营销概念是新招式,没有深厚的武术功底,那些招式便成了花拳绣腿,唬人可以,哪能真刀实枪克敌制胜?

经典之所以经典,一定是经历了岁月的考验,一定是对实践具有指导意义,无论在过去的传统工业化经济时代,还是在如今的网络经济新时代。

学习经典营销理论,学习营销基本功,应是营销人的必修课。

修炼营销基本功,才能透过现象看本质,才能厚积薄发、一鸣惊人,才能日日精进,才有可能成为业界公认的营销高手!

本书相比于普通营销书籍,有两大特色:

其一:实用。学以致用,是学习的基本原则,何况是实战导向的市场营销学科。本书的理论、策略等各类基本功,均源于营销实践的总结与提炼,并能真正有效地指导营销实战,无论营销内功篇、外功篇还是营销管理篇。纯理论探讨的、实用性不强的营销历史、营销人物,标新立异的营销流派,均不在本书的内容范畴之内。

其二:适用。满足目标顾客的需求是市场营销的核心,写书也一样。本书最大的创新是:真正以目标读者的适用性为导向! 每一位读者的营销理论策略需求不一样;不是每个理论策略都适合每一位读者。

任何理论、策略都有自身的假设前提和应用边界。

甲之蜜糖，乙之砒霜；甲之精华，乙之糟粕。一旦适用性错误，那营销理论的实战指导就可能南辕北辙，适得其反。比如社群营销和私域流量营销的理念，比较适合文化教育业、生活服务业，但对 B2B 产业和快消品产业并不适用；比如电商直播策略，适用于服饰、美妆、珠宝等行业，但对家具、建材、汽车等耐用品营销则没多大意义。

不得不承认，市场营销，特别是销售类相关职业，有时候被人看不起。

多数营销人并非社会精英，虽有持续学习的需求，精神可嘉，但营销理论、策略千千万，怎么学，学什么，如何学，这也是学问。

许多读者没有理论适用性的自主鉴别能力，往往僵化教条、生搬硬套，缺少举一反三、触类旁通的学习能力。如果囫囵吞枣，什么热门学什么，就不光是浪费时间，还可能贪多嚼不烂、消化不良，甚至知识误用，误己误企。

本书从头到尾反复强调各类营销理论的适用性，不仅每篇开头特别提示本节所适用的岗位、行业，多数章节中还反复细化并强调所适用的岗位、行业。

如果你尚未踏上营销行业这条船，无论你是在校学生还是社会人士，都建议你先通读这本书（但不必精读），再考虑要不要从事营销职业，适合 ToC 还是 ToB 行业，适合营销策划岗位还是销售职业。若有必要，再继续精读。

如果你已经上了营销这条未来有无限可能的大船，无论你是 B2C 还是 B2B 的营销高管、市场策划人员，还是大客户销售人员、B2C 渠道销售人员、面对面销售人员，都请仔细选择你的岗位所需的相关章节，认真阅读、思考、感悟，反复修炼相关营销基本功。

本书共三大板块：营销内功篇，阐释重要理念、调查与分析方法、战略性思维等，固本强基才能技冠群雄，人人皆应反复学习修炼。营销外功篇和营销管理篇涉及产品、价格、渠道、传播、销售、管控以及营销人员收入、营销人员素质要求等方方面面的内容，你不必每节都学，请按需选择。

勤学苦练、假以时日，相信你的营销功力一定会突飞猛进！

目 录
Contents

前言
导言

营销内功篇

营销内功之核心理念

市场营销本质定义：比竞争对手更快、更好、更省地满足目标顾客需求的过程	018
3C 营销三角模型，至尊营销心诀！	024
至高境界的营销，让推销成为多余？	035

营销内功之调查与分析

没有调查，没有发言权！	038
顾客为什么买？	044
先 SWOT 分析，后营销决策	055

营销内功之战略思维	目标市场精确锁定，一切营销策略的前提	060
	定位，定天下！	065
	品类营销：努力让品牌成为品类代表！	071

营销外功篇

营销外功之产品策略	产品设计：戴着营销策略镣铐跳舞	078
	产品组合：持续扩张还是聚焦收缩	082
	走好这七步，新品上市百分之百成功！	086

营销外功之价格策略	价格：唯一产生收入的营销要素	092
	涨价或降价：这绝对是系统工程	097

营销外功之 渠道策略

电商时代，渠道大演变中的危与机　　101

直营还是经销（代理）？控制性与经济性的权衡　　112

独家经销还是多家分销？这是个难题　　116

营销外功之 传播策略

新媒体时代：精准营销、电商直播等各类推广策略大趋势　　119

新媒体营销传播：系统推进还是单点突破？　　124

新媒体广告两大关键词：精准与互动　　129

借势与造势，网络时代的事件营销　　133

口碑营销的关键：KOL 传播　　139

组建、分析、推广：数据库营销三部曲　　145

B2B 企业，怎样进行营销传播？　　154

营销外功之 促销策略

促销活动：立竿见影，人见人爱！　　157

营销外功之 人员推销	打动人心的 12 字销售口诀：晓之以理，动之以情，诱之以利	163
	面对面销售技巧：一看二听三问四说	168
	B2B 大客户销售：抢单九式	175

营销管理篇

	营销计划书，怎么写？	184
	过程管理，互惠互利：销售政策的真谛	189
	电商时代的渠道价格管控	195
	渠道客户管理，管什么？	203
	文武之道：市场部 vs. 销售部	211
营销组织管理 与营销人	营销团队：如何组建与领导？	214
	营销人员收入：提成制还是年薪制？	225
	营销人员素质与能力：你适合干营销吗？	230

后记	234

导言

经典营销理论与策略，怎么用

市场营销学，因研究如何满足顾客的需求而存在，因市场竞争的加剧而发展。理论上，所有企业，乃至所有组织、个人的发展都离不开市场营销。

市场营销领域的新理论、新观点层出不穷，但不一定经受得住时间的考验。

经典的，才是永恒的。即使是那些经典的理论，也不是放之四海而皆准，都有特定的假设条件和局限性。比如，对于依赖期货市场价格发现功能的资源型企业、种植畜牧业、水电路等公共服务业，各类科研型企业，各种市场营销理论并不适用。

经典营销主要有哪些基础理论，哪些营销策略？这些理论及策略该怎么用？适用于哪些行业的哪些人员？这才是市场营销相关人士所真正关心的。

一、经典营销基础理论

1. 3C 营销三角模型理论。该理论基于顾客、竞争对手、企业自身这三方视角进行分析，是许多营销决策及行动的基础。该理论是营销基本功里的基本功，各行各业，无论营销高层还是普通营销人员，都应高度重视。

2. 顾客让渡价值理论（也称顾客感知价值理论）。该理论本质上解释了顾客为什么买：顾客预期得到的总价值（产品价值＋服务价值＋人员价值＋形象价值）与预期付出的总成本（货币成本＋时间成本＋体力成本＋精力成本）之间的差额越大，顾客就越有意愿购买；差额越小，顾客就越不愿意购买。该理论也相当重要，适用于所有需要营销的行业及所有营销行业的从业人员。该理论对零售业和服务业的营销指导性、启发性都很大，但对生产资料类企业、精神文化类企业的营销的指导性作用则相对较弱。

3. 定位理论。该理论被公认为营销发展史上最重要的理论（美国营销协会评选）。定位理论的信徒众多，社会上关于定位的培训课众多且学费高昂，学员一般是大中企业的营销部门中高层及创业初成的老板。定位理论的确重要，主要适用于快消品、耐消品和生活服务业，但 B2B 行业、互联网行业的适用性较弱，对营销基层人员的作用也不大。

二、营销调查方式与分析框架

1. 市场调查技术。没有调查就没有发言权。市场营销决策是建立在一系列市场信息基础上的复杂性决策，无论一手资料还是二手资料，无论定性调查还是定量调查，无论询问式、观察式还是实验式调查，这些调查方式都应是各行各业营销从业人员的基本功。

2. 顾客心理及行为分析。市场营销从洞察顾客的心理需求开始，营销从业者应该了解基础的顾客决策模型、消费心理动机、采购决策心理等。要满足顾客的心理需求，需要换位思考，站在顾客的角度考虑问题。所有营销人员都应该懂些消费心理学。

3. 竞争者分析。商场如战场，知己知彼方能百战百胜。了解竞争对手的一切，无论战略层面还是战术层面，无论营销策划人员还是一线销售人员，无论大企业还是小企业，其重要性都不言而喻。

三、市场营销战略与策略

1. STP 营销战略模型。市场细分、目标市场与市场定位是 STP 市场营销战略的三部曲，特别是其中的目标市场评估和市场定位，的确是营销系列决策中的最顶层设计，是营销高层决策的必备工具模型,但与营销基层人员无关。

2. 产品与服务策略。产品与服务是企业经营的基础,而追求差异化产品与服务创新,追求极致的"爆品",则是各行各业营销中高层人员的理想,也是市场策划从业人员的追求。但该策略不适用于基层销售人员,因为他们的使命是销售既有的产品,几乎没有制定产品策略的权力和责任。

3. 价格策略。价格是唯一产生收入的营销要素。定价时应考虑,抢市场为先还是利润优先?各渠道客户能接受的最低价和最高价分别是多少?战略性产品的定价及价格管理,是营销部门乃至企业最高层责无旁贷的使命与职责。直接面对客户的基层营销人员,只有折扣定价、特价优惠、限时限量限价等战术性定价策略权限,而没有任何让利的权限。对于那些随行就市的流通企业,那些依赖广告收入的精神文化类、互联网寄生类企业(如各类微信公众号、App、小程序),价格策略几乎无用武之地。

4. 渠道策略。企业选择营销渠道时,是选直营直销还是经销(代理)?选多家分销还是独家销售?选长渠道还是短渠道?门店地址如何选择?渠道策略的制定相对其他策略而言比较容易,但渠道的挖掘和维持很不容易。在快消、耐消品业,无论大企业还是小企业,渠道策略都很重要,对B2B企业也相对重要。对餐饮、住宿等生活服务业而言,渠道选址策略是最关键的要素。对文化传媒业、互联网行业而言,渠道策略比较简单。一店开天下的纯电商品牌则无须渠道策略。

5. 广告策略。以电视广告为代表的传统大众媒体广告已江河日下,新媒体广告正高速发展中。广告的总体重要性相对过去已经下降,但仍然是快消品、耐消品等ToC(面向个体消费者)知名企业最重要的传播策略。在流量时代,新旧媒体广告仍为根本。ToB(面向企业)企业的广告策略相对简单,也相对不重要。

6. 公关策略。广告没落,公关崛起,在信息传播多元化、碎片化、互动化的时代,以小博大,以提升知名度、美誉度为目的的公关传播更受重视。ToC大企业重视新闻报道、新闻发布会、公益赞助、事件口碑营销传播等公关活动,ToB企业则比较重视行业性新闻发布会、宣讲会、路演等公关策略。

7. 促销策略。买赠、折扣等能够立竿见影的战术性销售促进活动,对ToC,ToB类企业都很重要,这是基层、中层销售人员最为重视的营销策略,但注重长远发展、高屋建瓴的营销高层不应该重点关注这一策略。

8. 人员推销策略。直销、展销会推销等策略是ToB企业最为重视,也是最为常见的市场推广策略,还是基层营销人员最为重要的工作,但该策略不受品牌力导向的知名ToC大企业的重视(不知名的ToC中小企业也很依赖人员推销)。

当然，基于网络提供产品、服务的生活资料类品牌及精神消费类产品，几乎不需要线下的人员推销策略。无论 ToB，ToC 企业还是网络新经济企业，能突破空间限制的双向互动的线上推销策略必不可少，口碑营销策略更不可少。对一些 ToC 企业而言，电商直播直销也日益成为重要的销售策略。

9. 数据库营销策略。在如今的大数据时代，基于对顾客心理、行为的细分，用网络精准广告、E-mail、电话、App 通知等形式进行针对性营销信息传播，千人千面精准推广，收益明显。数据库营销传播费用可控、效果可测，ToC、ToB 各类企业营销高层及策划人员都应该高度重视该策略的运用。

以上经典营销理论及策略仅是简要介绍，也仅简要提示了某些适用行业及岗位。

更详细的营销理论及策略以及岗位 / 行业适用性等内容，敬请参照下表的岗位、行业适用性章节指引。

仔细并慎重选择、鉴别适合自己阅读的章节，该精读的就反复精读，该忽略的就果断忽略，你的时间很宝贵！

适用的，才是有效的！

营销岗位适用性指引

营销岗位适用性 / 章节题目	B2C 行业 营销策划人员	B2C 行业 渠道销售人员	B2C 行业 终端面对面销售人员	B2B 行业 营销策划人员	B2B 行业 大客户销售	B2C/B2B 营销中/高层
市场营销本质定义：比竞争对手更快、更好、更省地满足目标顾客需求的过程	✓			✓	✓	✓
3C营销三角模型：至尊营销心诀！	✓	✓		✓	✓	✓
至高境界的营销，让推销成为多余?	✓	✓		✓		✓
没有调查，没有发言权！	✓	✓	✓	✓	✓	✓
顾客为什么买？	✓	✓	✓	✓	✓	✓
先SWOT分析，后营销决策	✓	✓	✓	✓	✓	✓
目标市场精确锁定，一切营销策略的前提	✓	✓		✓	✓	✓
定位，定天下！	✓			✓	✓	✓

（续）

章节题目	营销岗位适用性	B2C 行业			B2B 行业		B2C/B2B 营销中/高层
		营销策划人员	渠道销售人员	终端面对面销售人员	营销策划人员	大客户销售	
营销内功	品类营销：努力让品牌成为品类代表！	✓					✓
营销外功	产品设计：戴着营销策略镣铐跳舞	✓			✓		✓
	产品组合：持续扩张还是聚焦收缩	✓	✓		✓	✓	✓
	走好这七步，新品上市百分之百成功！	✓	✓		✓	✓	✓
	价格：唯一产生收入的营销要素	✓	✓		✓	✓	✓
	涨价或降价：这绝对是系统工程	✓	✓		✓	✓	✓
	电商时代，渠道大演变中的危与机	✓	✓				✓
	直营还是经销（代理）？控制性与经济性的权衡	✓	✓		✓		✓
	独家经销还是多家分销？这是个难题	✓	✓		✓		✓

（续）

营销岗位适用性	B2C行业			B2B行业		B2C/B2B 营销中/高层
章节题目	营销策划人员	渠道销售人员	终端面对面销售人员	营销策划人员	大客户销售	
营销外功 — 新媒体时代：精准营销，电视直播等各类推广策略大趋势	✓			✓		✓
新媒体传播：系统推进还是单点突破？	✓			✓		✓
新媒体广告两大关键词：精准与互动	✓			✓		✓
借势与造势，网络时代的事件营销	✓			✓		✓
口碑营销的关键：KOL传播	✓	✓		✓		✓
组建、分析、推广：数据库营销三部曲	✓			✓		✓
B2B企业，怎样进行营销传播？				✓	✓	✓
促销活动：立竿见影，人见人爱！	✓	✓	✓	✓	✓	✓

（续）

章节题目	营销岗位适用性					
	B2C 行业			B2B 行业		B2C/B2B
	营销策划人员	渠道销售人员	终端面对面销售人员	营销策划人员	大客户销售	营销中/高层
营销外功						
打动人心的12字销售口诀：晓之以理，动之以情，诱之以利	✓	✓	✓	✓	✓	✓
面对面销售技巧：一看二听三问四说		✓	✓	✓	✓	
B2B大客户销售：抢单九式	✓			✓	✓	✓
营销管理						
营销计划书，怎么写？	✓	✓	✓	✓	✓	✓
过程管理，互惠互利：销售政策的真谛	✓	✓		✓	✓	✓
电商时代的渠道价格管控	✓	✓		✓	✓	✓
渠道客户管理，管什么？	✓	✓			✓	✓
文武之道：市场部 vs. 销售部	✓	✓		✓	✓	✓
营销团队，如何组建与领导？	✓	✓	✓	✓	✓	✓

（续）

营销岗位适用性	B2C行业			B2B行业		B2C/B2B
章节题目	营销策划人员	渠道销售人员	终端面对面销售人员	营销策划人员	大客户销售	营销中/高层
营销管理 — 营销人员收入：提成制还是年薪制？	√	√	√	√	√	√
营销管理 — 营销人员素质与能力，你适合干营销吗？	√	√	√	√	√	√

注：B2C/B2B营销策划人员包括文案策划人员、品牌/产品经理（助理、专员）等；渠道销售人员包括区域经理、城市经理、销售主管等；终端面对面销售人员包括导购、促销员、服务顾问等；大客户销售即B2B行业的大客户直销人员；营销中高层包括：大区经理、销售总监、市场总监、营销副总、营销总经理等。

行业适用性章节指引

行业大类适用性 / 章节题目	B2C 行业				B2B 行业		
	消费品类	生活服务业	精神文化类	互联网企业	持续供应类	项目销售类
市场营销本质定义：此竞争对手更快、更好，更省地满足目标顾客需求的过程	√	√	√	√	√	√
3C 营销三角模型：至尊营销心诀！	√	√	√	√	√	√
至高境界的营销：让推销成为多余？	√	√	√	√		
没有调查，没有发言权！	√	√	√	√	√	√
顾客为什么买？	√	√	√	√	√	√
先 SWOT 分析，后营销决策	√	√	√	√	√	√
目标市场精确锁定，一切营销策略的前提	√	√	√	√	√	√
定位，定天下！	√	√				
品类营销：努力让品牌成为品类代表！	√	√		√		

营销内功

（续）

行业大类适用性	B2C 行业				B2B 行业	
章节题目	消费品类	生活服务业	精神文化类	互联网企业	持续供应类	项目销售类
产品设计：戴着营销策略镣铐跳舞	√	√		√		
产品组合：持续扩张还是聚焦收缩	√	√	√	√		
走好这七步，新品上市百分百成功！	√	√	√	√	√	√
价格：唯一产生收入的营销要素	√	√		√	√	√
涨价或降价：这绝对是系统工程	√	√			√	
电商时代，渠道大演变中的危与机	√			√		
直营还是经销（代理）？控制性与经济性的权衡	√	√			√	√
独家经销还是多家分销？这是个难题	√	√			√	√

(续)

章节题目	行业大类适用性	B2C 行业				B2B 行业	
		消费品类	生活服务业	精神文化类	互联网企业	持续供应类	项目销售类
营销外功	新媒体时代：精准营销、电视直播等各类推广策略大趋势	√	√	√	√	√	√
	新媒体传播：系统推进还是单点突破	√	√	√	√	√	√
	新媒体广告两大关键词：精准与互动	√	√	√	√	√	√
	借势与造势，网络时代的事件营销	√	√	√	√	√	√
	口碑营销的关键：KOL 传播	√	√	√	√		
	组建、分析、推广：数据库营销三部曲	√	√	√		√	√
	B2B 企业，怎样进行营销传播					√	√

（续）

行业大类适用性 章节题目		消费品类	生活服务业	精神文化类	互联网企业	持续供应类	项目销售类
		B2C 行业				B2B 行业	
营销外功	促销活动：立竿见影，人见人爱！	√	√	√		√	√
	打动人心的12字销售口诀：晓之以理，动之以情，诱之以利	√	√			√	√
	面对面销售技巧：一看二听三问四说		√			√	√
	B2B大客户销售：抢单九式					√	√
营销管理	营销计划书，怎么写？	√	√	√	√	√	
	过程管理，互惠互利：销售政策的真谛	√				√	
	电商时代的渠道价格管控	√	√	√			√
	渠道客户管理，管什么	√	√			√	√
	文武之道：市场部 vs. 销售部	√	√	√	√	√	√

（续）

章节题目	行业大类适用性	B2C 行业				B2B 行业	
		消费品类	生活服务业	精神文化类	互联网企业	持续供应类	项目销售类
营销管理	营销团队，如何组建与领导？	√	√	√	√	√	√
	营销人员收入：提成制还是年薪制？	√	√	√	√	√	√
	营销人员素质与能力，你适合干营销吗？	√	√	√	√	√	√

注：消费品类包括衣食住行等快消品、耐消品；生活服务业包括餐饮、住宿、教育、美业等日常服务类企业；精神文化类包括新闻信息、文学、影视等精神内容消费行业；互联网企业包括网络平台类、网络应用类等企业；持续供应类 B2B 企业包括原辅材料、机器设备等处于产业链中游的生产资料企业；B2B 项目销售类包括工程基建、软硬件、企业服务等一次性短期销售为主的企业。

营销基本功

营销内功篇

营销内功之核心理念

> **特别提示**
> 本节内容各行各业所有营销人都适用

市场营销本质定义：比竞争对手更快、更好、更省地满足目标顾客需求的过程

营销是什么？

推销？促销？广告？传播？都是，又都不是。

都是，是因为推销、促销、广告及传播这些都是营销的组成部分；都不是，是因为这些仅仅是营销的策略表象，没有深入营销的本质定义。

定义是对特定学科的本质特征进行确切而简要的说明。关于营销的定义有很多：

美国市场营销协会（American Marketing Association，AMA）给出定义：营销是在创造、沟通、传播和交换产品的过程中，为顾客、客户、合作伙伴以及整个社会带来价值的一系列活动、过程和体系。

营销学科奠基人菲利普·科特勒给出定义：营销是个人和集体通过创造产品和价值，并同别人自由交换产品和价值来获得其所需所欲之物的社会过程和管理过程。

类似定义还有很多，此处不一一列举。

本书基于实践、实务、实用性原则，也创新性地提出一种市场营销定义：

比竞争对手更快、更好、更省地满足目标顾客需求的过程。

该定义简洁、明了、实用，具体且确切地阐述了营销的本质特征。

满足目标顾客需求，这是市场营销的根本使命。 制定营销策略的第一步就是了解顾客需求，锁定目标顾客，之后才是在明确定位的基础上，用特定的产品或服务、特定的价格，通过特定的渠道及特定的沟通传播方式来满足目标顾客的需求。

如果你的产品是无差异的资源型商品，顾客数量很有限，那么你了解并锁定目标顾客，满足其需求就比较简单，营销策略在这类企业中的作用很有限。

但是如果你是B2C企业，提供的是差异化的新产品，要在人群中找到对你的产品感兴趣且愿意购买的目标顾客，这就不容易。如今是大数据时代，很多数据分析的就是顾客的购买消费行为，通过对过去的消费轨迹进行跟踪分析来预判其未来的购买消费行为，从而为ToC企业的产品提供精准的目标顾客群。

如果你是销售复杂型产品的B2B企业，虽然目标顾客锁定很简单，但要满足其需求并不简单。高单价复杂性产品的需求决策过程极其复杂，参与人数多，决策过程漫长，组织的、个人的、理性的、非理性的需求动机各式各样，要摆平方方面面的人，满足显性的、隐性的多种需求，谈何容易！

将竞争对手作为参照物引入定义，是本书市场营销实用性定义的本质创新。

无竞争，不营销！

市场营销不仅是企业与顾客需求满足的过程，还要随时提防竞争对手的营销策略，目标顾客随时可能"移情别恋"，要时刻保持警惕。除非是无竞争也不需要营销的水电等公共垄断性企业，在市场经济网络和新经济的大时代背景下，各行各业的竞争无所不在，市场营销的本质定义怎么能避竞争而不谈呢？

比竞争对手更快、更好、更省，这才是企业市场营销追求的目标，是行动的准则，是本书关于市场营销定义的核心和精华。

更快，意味着快速高效的组织决策，意味着产品快速占领市场，更意味着产品要抢先占据目标顾客脑海中的品类第一之位。

商场如战场，纵横捭阖，势如破竹；商场如球场，快速穿插，有效突破。

快速/抢先法则是经典营销书籍《市场营销的22条法则》里的首要法则，人们只会记住最先出现的事物，第二第三就很容易被遗忘了，排名靠后者要往前走需要付出指数级的努力。商战无情，企业必须以成为行业第一为目标，而要成为细分行业的强者，只有抢先抢市场才有可能。

更好是指提供更好的产品和服务，以满足目标顾客的需求，这是所有企业的基本使命，也是在竞争中获胜的基本要求。然而，何为"好"？是产品研发者、制造者、营销者认定的"好"，还是目标顾客所谓的"好"？目标顾客满意的、认可的就是"好"的！

企业研发和制造出优质的产品，如果目标顾客感知不到或者不需要，这就不是"好"。许多以产品为导向的企业陷入了更好就是更优质的思维误区，因高品质商品得不到市场的认可而埋怨顾客"不识货"，殊不知，真正的营销思维是：合适的才是最好的！

所谓更省，站在企业营销的角度来看，就是省着花，即以最小投入换取最大产出，是对企业存在的本质——盈利的追求；站在目标顾客的角度来看，更省则是以最小付出来最大获取，是对性价比的追求。

花小钱，办大事，对企业的收益负责，营销人应以此为职业荣耀。以降价促销来提销量，谁都知道这不是水平；硬广告大投入，只有蛮力，也不是水平。真正的营销高手，是在企业不花钱或少花钱的前提下，制定并推进有效的、系统的营销策略，以小博大，实现企业的收益目标，这才是水平。

追求实惠，追求物超所值，是所有顾客共同的心理。有人对商品、服务的价格更加敏感，省着花；有人虽然对价格不在意，但更重视商品、服务所带来的整体附加值，要求花得值。所有顾客都在追求"性价比"。

市场营销定义的结尾是"过程"两字，这意味着营销只有起点，没有终点，永远在路上。

市场环境在变，顾客需求在变，竞争对手在变，企业自身也在变，在产品、价格、市场推广等方面的营销策略当然也要不停地变化，不能一成不变，更不能靠一招一式，或妄想一劳永逸。

年复一年，企业的一切营销活动均应围绕"比竞争对手更快、更好、更省地满足目标顾客的需求"而展开。

对于非目标顾客，企业应该舍弃或者忽视，因为聚焦才有穿透力，才有竞争力，还因为企业资源有限，营销人员的能力和精力有限。

营销是战场，竞争对手是同行业的其他企业，目标顾客的脑海就是双方要争夺的阵地。

为了占领阵地，为了赢得营销战争的胜利，企业必须尽一切努力更快、更好、更省地满足目标顾客的需求，这才是市场营销的本质！

> **特别提示**
>
> 本节内容所有营销人都适用，营销部门高管／大客户销售人员尤其适用

3C 营销三角模型，至尊营销心诀！

3C 营销三角模型究竟是什么，敢称"至尊营销心诀"？

3C（Customer，Competition，Corporation）三角模型最早由日本战略管理大师大前研一提出，该模型强调，要想制定成功的经营战略，必须考虑顾客、竞争及企业能力这三大关键因素。

大前研一提出 3C 战略三角模型，是基于经营战略决策的角度，但没有深入阐释该模型的重要意义，也没有对模型的 3C 进行总结细化，更没有深入探讨 3C 三角模型在营销层面的应用。

3C 营销三角模型，用于表示顾客、竞争对手与本企

业三方之间的营销博弈互动。

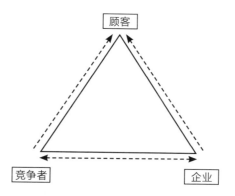

作为企业营销人员,不仅要了解自身及企业所拥有的资源与能力以及总体的优劣势,还要洞察顾客需求,锁定目标顾客,更要随时观察竞争对手的一举一动(人家也在盯防着你),你在尽力满足顾客需求的同时,竞争对手也在尽力讨好顾客。顾客考虑购买你的产品与服务,同时也在考虑购买你的竞争对手的产品与服务。你与竞争对手比的是速度、品质与成本,谁能更快、更好、更省地满足目标顾客的需求,谁才能赢得营销战争的胜利。

3C营销三角模型在企业战略性经营决策中起着非常重要的作用。企业的专业化、相关多元化及不相关多元化战略路径选择均需要3C营销三角模型的分析;企业的未来是继续发展还是维持、收缩及转型?是全面拥抱互联网、移动互联网还是固守线下、尝试线上？这些都需要基于对3C营销三角模型的深入思考来进行决策。

3C营销三角模型的本质是对产品的市场可行性和竞争力的判断。如果一家企业新品上市速度比竞品更快，品质比竞品更优秀，或是能够向顾客提供其所认可的差异化价值，让顾客认为性价比更高，那么该企业的产品与服务的竞争力就越强。该模型在企业收购、投资决策领域有着重要作用。

另外，3C营销三角模型还是企业内部一切营销策略决策的基础，可谓营销心诀。从目标市场评估选择、产品策划、定价策略、渠道规划，到传统广告、新媒体广告、公关、数据库营销、人员推销等各类市场推广手段的综合运用，均离不开基于3C营销三角模型的思考和分析。

比如营销战略三部曲里的目标市场评估四大依据：市场规模与增长率（与顾客需求相关），行业竞争特性（与竞争对手相关），企业拥有的资源（与企业能力相关），预计的盈利水平，这其中的三大依据即为3C营销三角模型的应用。

市场定位步骤：考虑顾客需求，避开竞品，衡量企业资源能力，正是3C营销三角模型的应用。

市场定位基础方法：理性、感性、性价比定位等源于顾客需求的思考，比附、对立、避强、强势定位等是相对于竞争对手而言的，品类、专家、价值观定位等是基于企业的能力。

经典的产品三大定价法：需求导向法、竞争导向法、成本导向法，刚好对应了3C营销三角模型里的三个角。

知易行难，3C营销三角模型简单易懂，但要深入理解并灵活运用，却不容易。

许多出身于生产/研发部门的企业高管，当局者迷，他们自信于自己企业的产品与服务品质，却忽略了这些产品与服务是否真正满足了顾客的需求，也忽视了竞争对手的努力。诸如摩托罗拉、诺基亚的倒下，核心原因就是这些企业皆奉行内部研发导向，工程师文化盛行，企业最高决策人员多数由生产/研发系统晋升而来，因而不可避免地犯了"路径依赖症"——重研发而轻营销，漠视顾客需求的演变及竞争对手的创新。

一些出自营销系统的高管很重视顾客的需求，也关注竞争对手的一举一动，但难以判断企业产品本身的竞争力，更难以判断企业资金、人力、供应链等环节的综合竞争力。

营销决策要同时深入思考顾客、竞争对手及企业自身之间的博弈、互动，以系统整合的视野客观冷静地看世界，这真的很难做到。

因为艰难,所以 3C 营销三角模型更为重要。

顾客需求洞察。顾客是上帝,并且总是高深莫测的,你能很清晰地洞悉顾客的想法吗?极不容易。顾客有理性需求、感性需求,有显性需求、隐性需求,有刚性需求、非刚性需求,有高频需求、低频需求……这么多种需求,你能分辨吗?这么多需求,或升级或降级,在动态变化中,你能洞察吗?

对 B2B 顾客而言,了解其组织的需求相对容易,不外乎性价比、供货速度、付款条件、售后服务等,但是你能准确洞察采购者/相关决策参与者的个人需求吗?还有学习培训、晋升等发展性需求,友情、亲情、人情等社交性需求,兴趣、特长等个人爱好性需求,你都有所了解吗?

B2C 产业里的顾客需求更是千变万化。现在是人人追求个性化的时代。不同年龄、性别、学历、收入、职业的顾客有不同的需求,有求美、求新、求同、求异、求名等种种心理需求,还有聚会、旅游、娱乐、运动等各类场景性需求。任何企业都不可能满足顾客的所有需求,必须根据特定的维度细分顾客。例如,淘宝就依据顾客购物大数据,细分出了需求大体类似的顾客群 2000 多个。

世界很大,顾客的需求很多、很复杂,你只能锁定其中某一特定顾客群体的特定需求,然后尽力去满足这类需求。

竞争对手分析。识别竞争对手容易，而要了解竞争对手的战略及优劣势却不容易，很多信息都涉及商业机密。竞争对手是进攻型的、小富即安型的，还是随机应变型的？其产品、服务、价格、渠道、推广方式、人才、资金、研发、制造、社会资源……各个方面的优劣势如何？各关键性优劣势如何？将来可能的优劣势如何动态演变？其营销计划／预算、产品／价格／广告传播等营销策略是怎样的？

如果能够自主选择竞争对手，就尽可能采用田忌赛马的策略寻找综合竞争力较弱的企业，相对于竞争对手，你尽享优势，赢面当然大。如果不能选择竞争对手，你就必须在充分了解评估竞争对手的综合实力后，才能做出强攻、避实还是维持的战略性营销决策。

中小型企业、创业型企业的综合竞争力有限，要采用扬长避短、避实就虚的竞争策略，发挥自身专业化专注优势，攻击对手的薄弱之处，如对手的产品缺陷、定位错误、定价过高或过低、渠道混乱、资金紧张等，建立自身利基市场，方可立于不败之地。

企业能力辨析。不识庐山真面目，只缘身在此山中，每个人最难认知自我，企业也是如此。企业能力包括研发、生产、资金、人力资源、营销等，而营销能力又包括产品策划、定位、渠道、传播、促销等。上述能力，哪些有优势及持续的优势，能否上升到核心竞争力的高度？

大企业高管往往高估了自己的能力优势，被过往的成功麻痹了自我；小企业创业者也同样会高估自己，因为只有自己相信自己，强化扩大自我优势，才会有创业的勇气。然而商战无情，高估自我，低估对手，忽视顾客需求，创业企业的阵亡就是大概率事件。

如何避免高估自我能力？如何客观冷静地评估自身的优劣势？首先是不时地进行自我反省：个人性格的优劣势是什么？学识的长处与盲点是什么？在以前的决策中犯下了哪些错误？为什么会犯这些错误？中华民族复兴过程中的代表性企业华为就一直强调企业反省文化。自省之外还需要他人的客观评估，企业能力评估要靠业内专家顾问及内部战略部门高管客观、冷静的分析判断，老板的一言堂一定要避免。对于企业老板/实际控制人个人性格、能力的评估，需要专业的人力资源公司进行客观测评，更需要其亲朋好友、直辖下属的诤言。

阐释3C营销三角模型的概念比较简单，然而要深刻洞察顾客需求，动态了解竞争对手能力及策略，客观认知本企业的综合能力，却很不简单。

而让该模型深入营销战略策略决策者的脑海、骨髓，成为一种决策思维与习惯，这更不简单！

无论你是营销高层还是基层员工，无论你是策划人员还是销售人员，无论你是 B2C 从业者还是 B2B 从业者，无论你在运筹帷幄地战略性思考还是在针锋相对地抢夺订单，都请谨记：3C 营销三角模型：顾客、竞争对手与本企业三方之间的博弈互动，这是至尊营销心诀！这是一切营销战略、策略、战术思考与行动的原点！

下文所附案例（雕牌/超能 vs. 汰渍）是基于 3C 营销三角模型的动态竞争分析，也是本书仅有的一则系统性案例。在此处举例的目的只有一个：

强调 3C 营销三角模型的重要性、实用性！同时强调该核心理念在营销基本功里的至尊地位！

3C 营销三角模型案例分析：雕牌/超能 vs. 汰渍

雕牌，地处浙江丽水，民营日化企业纳爱斯旗下洗衣粉品牌。汰渍，全球日化巨无霸宝洁旗下品牌，还是全球市场份额排名靠前的洗衣粉品牌。

小小的雕牌如何与汰渍同台竞争？

20 世纪末，我国的国民消费水平尚未提升，雕牌的广告营销紧跟时代需求，一句"只买对的，不买贵的"的广告语激发了囊中羞涩的顾客追求性价比的理性需求；而另一句"妈妈我能帮你洗衣服了",则直接击中家庭主妇的心扉,理性与感性诉求双管齐下。基于价格战与广告心理战双重优势,数年内,雕牌市场份额高居国内前列。

习惯于老大之位的汰渍哪能无动于衷?很快,借当年现象级电视剧《射雕英雄传》热播之际,宝洁发起了"射雕行动",策略简单、凶猛而高效——与雕牌打价格战、广告战!汰渍洗衣粉的空中广告攻势一如既往地凌厉,产品的出厂价、零售价也直接下调,比雕牌还要便宜!

强广告+低价格+强渠道,汰渍洗衣粉攻城略地,雕牌节节败退,不到半年时间,汰渍就成了第一品牌。

低价+强广告,是不是意味着宝洁是依赖雄厚的资本实力亏本抢的市场?非也。企业本是追求赢利最大化的组织,而且传统实业也不喜用新经济企业疯狂烧钱抢市场、抢流量的打法。

汰渍在价格战之前的市场份额不及雕牌,虽然已经是国内第二大品牌,但规模效应并不明显;外资企业的管理成本普遍较高,以降薪裁员方式降成本也不现实,那如何实现降价不降利?汰渍的策略是降低生产成本,即降低洗衣粉的洁净性能。

汰渍为什么敢适当降低品质来应对竞争?

这来自其营销部门对顾客需求、行为习惯的深刻洞察!

汰渍当时发现，人们换衣服的频率越来越高，衣服随换随洗的习惯逐渐养成；现代重体力劳动者本就不多，真正因为衣服脏了而洗的行为越来越少。人们对洗衣粉清洁性能的要求已经有所降低。大家用洗衣机＋洗衣粉洗衣服是一种卫生习惯，本质上更像是一种心理安慰！因为衣服本来就不脏或不太脏！洗衣粉的洁净性能高低已变得没那么重要，何况消费者并非采购专家，很难也无心辨别和感知各品牌洗衣粉的洁净性能的高低。

曾经的洗衣粉霸主雕牌怎么办？是针锋相对地继续进行价格战？还是换成资源消耗战？还是另辟蹊径？

纳爱斯（雕牌母公司）审时度势，避汰渍之锋芒，告别价格战，在差不多同一时期推出了著名的中高价位的"超能"天然皂粉系列。

宝洁向下，纳爱斯向上。

纳爱斯力推中高价位超能天然皂粉的底气何在？

底气同样也在于：纳爱斯的营销部门对顾客的需求和行为习惯的深刻洞察！

纳爱斯发现，随着人们生活水平的提升，消费在升级，中高价位的好衣服越来越多。好马配好鞍，人们对天然、健康、环保的中高端洗衣粉的需求越来越大；人们对自身的健康也越来越重视；洗衣，不仅要干净，还要不伤手、不伤衣、不褪色、不缩水。

"只洗高档衣物""护衣护手",源于天然植物的"超能"皂粉很快走进了日渐富裕的中等收入及以上的家庭,销量日渐提高。

超能,中高端皂粉品牌第一之位至今牢不可破。

一晃多年了,为什么宝洁、联合利华、立白等日化大鳄没有发力天然皂粉市场?

这是因为,纳爱斯为了防止竞争对手的跟进,设立了对手们难以逾越的屏障:与我国最大的天然皂角生产基地签订了长达数十年的排他性采购合同!几乎垄断了天然皂粉的原材料供应,让竞争对手无机可乘。

营销即战争,为了争夺战争的阵地——目标顾客的需求及认知,敌我双方你来我往、斗智斗勇,好不热闹。

宝洁的汰渍,纳爱纳的超能,"顾客—竞争—企业能力3C营销三角模型"所阐释的动态竞争博弈,好精彩。

(根据新浪财经、《21世纪经济报道》的相关文章整理)

> **特别提示**
>
> 本节内容 B2C 行业适用，营销高层尤其适用，B2B 行业/面对面销售人员不适用

至高境界的营销，让推销成为多余？

至高境界的营销，让推销成为多余？这怎么可能！

的确，对销售导向的 B2B 行业而言，对终端面对面销售人员而言，推销必不可少。但是在 B2C 行业和网络产业里，至高境界的营销真的可以让推销成为多余！你见过几个可口可乐、苹果、阿里巴巴、腾讯的销售人员到处推销？

营销与推销一字之差，许多人混淆不清，但两者的真正含义有天壤之别。

营销的出发点是目标顾客的需求，有需求才有产品，好产品因为目标顾客有需求才诞生，顾客自然会乐意购买；

推销的出发点是产品本身,先有产品后有推销;如果产品本身是目标顾客不需要的,拼命推销又有何意义?

营销是顾客主动地接受,推销是顾客被动地接受。

营销,高瞻远瞩,是长期的谋略,着重于企业的长远发展以及长期效益的实现;推销,立竿见影,是短期的销售行为,仅着重于短期绩效的实现。

营销是整体,是系统的策略;推销是局部,是系统策略中的小分支。营销的整体策略包括了产品、价格、渠道、广告、公关、促销、推销,还包括市场调查、分析、计划、组织、指挥、控制等营销管理功能,是庞大的、复杂的、系统的、综合性的谋划,而推销仅仅是这一系统策略的组成部分。

如果企业的产品品质、成本控制、渠道建设、品牌传播、商业模式等方面很优秀,即便推销力量有限,也无伤大雅,未来必会厚积薄发;但如果上述各方面都一般,仅推销一枝独秀,那业绩肯定是昙花一现、后继无力。

营销是战略,决定企业经营之成败;推销是战术,在乎一城一池一时之得失。

商战无情,营销是战争,是高屋建瓴,是将领运筹帷幄、决胜千里;推销是战斗,是近身肉搏,是士兵刀对刀、枪对枪的格斗。

决定战争胜负的是将领的运筹帷幄？还是士兵的近身格斗？答案一目了然。

强战斗战术、强推销，弱谋略、弱营销，可能赢得了一时，却赢不了一世。

强谋略、强营销，弱战斗战术、弱推销，不一定每次战役都能赢，但一定会笑到最后。

"至高境界的营销，让推销成为多余。"这句话或许过于绝对，更妥善的表达应当是：对某些企业而言，营销远比推销更重要。

"至高境界的营销，让公关成为多余。"对某些企业而言，营销远比公关更重要。

"至高境界的营销，让广告成为多余。"对某些企业而言，营销远比广告更重要。

"至高境界的营销，让渠道成为多余。"对某些企业而言，营销远比渠道更重要……

系统性的营销思想、营销谋略……比你想象得还重要！

营销内功之调查与分析

> **特别提示**
>
> 本节内容各行各业都适用,营销策划人员／大客户销售人员尤其适用

没有调查,没有发言权!

没有调查,没有发言权!

没有市场信息,一切市场决策都是瞎子摸象、无稽之谈。

商场如战场,知己知彼才能百战百胜。军事战争中,为了获取对方的情报,在前沿阵地要派出侦查人员深入敌营,一旦暴露就要付出生命的代价;在敌后,则派出地下间谍、特工获取情报,一旦暴露同样可能付出生命的代价。真实战争中,获取敌方信息的情报是何等重要!

商战是无硝烟的战争,阵地是目标顾客的脑海认知,敌人是你的竞争对手。在这场大脑认知争夺战中,获取市场信息是否如同获取军事情报一样重要?

现代社会即信息社会,宏观环境、行业环境、微观环境,一切皆为信息。

营销人关心的市场信息主要包括三大方面:其一,目标顾客的人口学特征(年龄、性别、学历、收入、职业等),兴趣爱好、行为习惯及心理认知等(如果是组织客户,还包括组织预算、决策机制、采购流程等信息);其二,竞争对手的相关信息(其战略、营销策略、组织人事优劣势等);其三,自身的营销现状(品牌、产品、渠道、资金、营销队伍、营销管理、后勤支援等现状能力估评)。

如果你是企业的营销高层,你就必须将以上三大方面的信息洞察于胸,高屋建瓴,以运筹帷幄、决胜千里。

如果你是直面客户的销售人员,就必须察言观色,了解顾客显性的和隐性的需求,了解其个人的兴趣爱好,了解竞争对手的水平、能力及销售策略。当然,你还得对自身及企业的能力及优劣势有客观冷静的认识,才可能在订单争夺战中取得胜利。

如果你是市场、广告系统的文案策划人员,首先要了解目标传播受众的群体心理特征,将心比心,换位思考,想想其真正的需要；你还得了解行业、竞品的文案，不能雷同，要差异化；当然，你更需了解产品的定位、卖点等。仅有天马行空的创意、妙笔生花的文笔，并不是合格的文案写手。如果没有前述信息的准备与获取，就很难有打动人心且与众不同的"10万+"文案。

进行市场信息收集与调查，首先要考虑内部大量的顾客画像、销售数据、营销策略等信息（对竞品而言，这就是商业机密），其次要考虑外部信息。能用二手资料、文献资料得到的，绝不用费时、费钱的一手资料。

我们应该感谢网络的高速发展，因为互联网上存在大量的市场信息。通过百度、微信搜索相关新闻报道，通过百度指数、微信指数搜索相关品牌热度，通过阿里巴巴、淘宝、京东搜索相关产品的销量、点评，通过知网、万方数据查询相关学术文献、专利等，通过企查查、天眼查查询企业工商、股东、商标等信息，以及涉及顾客、竞争等各维度的概况。

一部分的市场决策是在不确定信息基础上的轻度决策，上述信息足以支撑相关决策。但对更多的重大市场决策而言，二手资料、文献信息还远远不够，还需要更加精确的一手资料调查。

一手资料调查的方法具体包括询问法、观察法及实验法三种。

询问法又分为问卷法（包括入户访问、街头拦截、网络问卷、电话问卷、留置问卷等方法），FG焦点小组座谈，以及一对一深度访问法。

问卷调查大众最为熟悉，但高质量的问卷调查很不容易。样本抽样、问卷设计、现场调查质量监控、问卷量化统计分析……处处皆学问。大公司一般委托专业的第三方市场调查公司执行，费用动辄数百万元；小企业自己调查不专业，也舍不得花费这笔巨资，往往直接忽视。

FG焦点小组座谈及一对一深度访问法能够探究出"为什么买""为什么不买"等深层次问题，费用不多，甚至不需要经费，因此大小企业、营销高层基层人员均应高度重视此类定性询问调查法。

观察法是对观察对象进行无干扰的观察，客观而真实。顾客行为与态度、人流车流……这类情况一般适用观察法。面对面销售人员尤其需要具有察言观色的能力。对于神秘顾客的访问及观察，就餐饮、住宿等生活服务业而言，非常重要。

实验法，与一些科学实验步骤相同，分设实验组与对照组：实验组改变某一营销变量（如新产品、价格、包装、广告创意等），对照组所有要素不变。一段时间后比较两组之间销量、点击率等数据的不同之处，从而得出此营销变量的实施效果。

实验法能真正测试出营销策略的效果,这对强调策略正确性的大企业而言意义非凡。宝洁、可口可乐等传统大企业的新品上市、新广告创意等,都需要经过严格的实验法测试后才会全面实施。阿里巴巴、腾讯等App新版本里的新功能、新设计,都需要多次进行小范围人群测试后才会大规模迭代。电商运营中,无论产品图片、广告语还是促销方式,各类营销方案都要轮流接受测试,目的就是根据测试数据优化策略。许多好莱坞影视大片都要在特定影院经特定观众观看,根据观众反馈的意见和建议进行剪辑修改后,才会正式排片播出。

实验法最大的缺点就是浪费时间!在一些市场与竞争环境快速变化的行业,这可能会贻误战机!实验法的最大优点是营销效果可控可测,从而能够真正实现营销策略的效果最大化!

如果时间允许,营销策略均应在接受特定范围内的市场测试后再正式实施,这应该是训练有素的营销高层进行决策时要奉行的基本准则。

不打无把握之仗!市场调查,特别是实验法,让一切尽在掌控!

本节仅仅浮光掠影地介绍了市场调查的一些方法，要深入了解掌握运用具体的调查技术，需要我们营销人去读市场调查专业书籍。一手市场调查方式方法，涉及样本抽样、问卷试样、调查监督、统计分析等方面，专业而严谨，这是文科里最靠近理科的学问，来不得半点马虎。

信息社会，营销战场上，无论你在哪个行业、哪个营销层级，都请时刻牢记：没有调查，没有发言权！

> **特别提示**
>
> 本节内容所有营销人都适用,营销策划人员/面对面销售人员尤其适用

顾客为什么买?

顾客为什么买?表面上的理由千千万万,追本溯源是性价比!不过,此处所说的性价比不仅仅是大众所理解的狭义性价比,而是广义性价比。

狭义性价比是指产品品质越高而价格越低,顾客越愿意购买。的确,每个人都希望买到的是性价比更高的商品与服务,无论收入水平有何差异。然而,商家追求的是投入产出比。品质越高,投入越大;价格若很低,那商家赚什么钱?

狭义的高性价比，只有以下情况会出现：

1. 因科技进步或商业模式创新，企业能比以前更低的成本提供高品质的商品与服务。

2. 新经济领域企业投钱疯狂圈地抢流量。

3. 在较高利润的新兴产业、医药产业、公共服务产业，因竞争加剧或政府管控，厂商不得不降价，牺牲超额利润率，顾客因而获得高性价比。

现实中，顾客因为狭义性价比而购买的商品并不多见，更多见的是，顾客潜意识里购买的是广义性价比！

同一件衣服，无品牌或不知名品牌的只能卖几十或几百元，而贴上知名品牌或奢侈品牌的标签则能卖成千上万元，为什么？

同一瓶水，在大卖场里卖2元，在街头巷尾的便利店或自动售货机里卖3~5元，还比大卖场里卖得好，为什么？

性能差不多的企业ERP软件，有些卖数十万元一套，许多公司却宁愿买昂贵数倍的知名跨国公司的软件服务，为什么？

只重视质量与价格的狭义性价比已经难以解释上述购买行为了，只有广义性价比，即顾客让渡价值理论（或称顾客感知价值理论），才能全面、系统、本质层面地解释各种各样的购买行为，无论理性还是非理性动机，无论快消品还是耐用品，无论制造业还是服务业，无论个体还是组织需要。（但不适用于精神消费产业。）

在营销理论体系中，顾客让渡价值理论模型容易被忽视，但该模型很经典、很重要，对营销实践很有指导意义。

该模型的内容构架很简单。

顾客让渡价值（Customer Delivered Value，CDV）是指企业让渡给顾客且能让顾客感受到的价值，表现为顾客购买总价值与顾客购买总成本之间的差额部分，即：

顾客让渡价值 = 顾客总价值 − 顾客总成本。

其中，"顾客总价值"是顾客从给定产品和服务中所期望得到的所有价值，包括产品价值、服务价值、人员价值（包括人脉价值）（企业及品牌的）形象价值。"顾客总成本"是顾客在评估获得和使用产品或服务时会产生的全部成本，包括货币成本、时间成本、体力成本、精力成本（包括转移成本）。

总价值与总成本之间的预期差额越大，顾客越愿意购买；如果顾客实际获得的差额超越了预期，就是物超所值，顾客满意度高；如果实际获得的差额约等于预期，就是物有所值，满意度一般；如果实际获得的差额低于预期差额，就是物非所值，顾客就会产生抱怨。

较高的顾客让渡价值即广义性价比的高预期，让顾客产生了购买行为；顾客只有得到超越预期的产品与服务，才会有高满意度，才会忠诚地、持续地购买。满足顾客的预期并超越顾客的预期，才是真正领悟营销精髓的高手！

知名品牌、奢侈品牌的服饰，顾客为什么愿意高价买？顾客买的不仅是产品品质，还包括服务等附加值，特别是品牌形象的附加值。

为什么便利店、自动售货机里的饮料卖得贵却卖得好？是因为节约了顾客的时间成本和体力成本。

IBM软件为什么贵？不仅是其软件本身，还有其完善的售前、售后服务，训练有素的专业顾问团队，及其高端的品牌形象。

天猫电商平台为什么所向披靡？海量商品、不可或缺的服务（支付宝担保交易，七天无理由退换等）使得顾客的预期总价值相比线下并不逊色，并且为顾客节约了大量的金钱、时间、体力和精力成本，从而有了极高的顾客让渡价值，高维打击低维传统零售业，持续取得成功因此成为必然。即便若干年后，品牌商家线上、线下同价，价格优势不再，电商平台也仍然会持续地发展，因为其提供的总价值与顾客付出的总成本之间的差额仍然很大，广义性价比仍然很高。

小米为什么会成功？得益于极致的性价比！广泛好评的品质（产品价值）+ 知名的轻时尚的品牌属性（形象价值）- 低价格（净利润不高于5%的承诺）= 高差额 = 高性价比 => 粉丝忠诚。

外婆家餐饮为什么会出现持续多年的排队现象？是性价比，是广义的性价比让囊中羞涩的学生、白领群体为了实惠的价格而牺牲了自己的时间。不错的菜肴 + 高端的装修 + 专业、细致的人员服务 + 知名餐饮品牌形象 - 中/中低价格 = 高差额 = 超高性价比。一句话，四五星级的菜肴 + 装修 + 服务，二三星级的价格，巨大的落差造就了持续多年的外婆家的排队现象。

只有追求顾客总价值与总成本之间的差额极大值，追求广义性价比，追求超越顾客预期的性价比，才能够让顾客满意，才能够持续地俘获顾客的心！

顾客为什么买？这是营销学的最基础问题，也是各行各业各层级的营销人最应关心和关注的终极问题。

以终为始，让渡（感知）价值最大化，是顾客的追求，也是营销人的追求。

顾客为什么买？让渡（感知）价值理论是对顾客潜意识的抽象的、本质的概括。下面的十大购买动机解释，则是对顾客购买心理的形象的具体的概括，在实战中更具有指导意义。

顾客购买十大心理动机

1. 求实动机。这是顾客普遍存在的心理动机。顾客特别重视商品的质量效用、实际的使用价值，而不太在乎商品的外形、款式。顾客在购买时比较认真仔细，不太受广告宣传的影响。这也是B2B企业购买商品时的核心动机。

2. 求廉动机。顾客对商品价格特别重视，高度重视性价比。顾客选购具体商品时，都希望有打折、减免等商家优惠让利活动，希望低价购入。而对囊中羞涩的顾客而言，他们对商品的品质、款式等要求不高，只要求商品价格低廉，追求绝对的便宜。

3. 求名动机。只要财力允许，顾客喜欢购买自己所熟悉和信任的名牌商品，名牌意味着品质高。服装鞋包、饰品、汽车等社交场合展现类商品，有许多高端品牌，这些品牌代表着顾客的身份和社会地位。

4. 求美动机。爱美之心，人皆有之。一些顾客特别注重商品本身的造型美、色彩美，重视商品的整体视觉美感，以便达到艺术欣赏和精神享受的目的。景美，人美，物美，生活美，"实现对美好生活的向往"是我们每个人的奋斗目标。

5. 求新动机。顾客往往特别钟情于时髦和新颖的商品，喜欢与众不同、标新立异。顾客追求商品的时令性和潮流性来获得一种心理上的满足，而不大注重商品是否实用以及价格的高低。具有求新动机的，一般都是具有一定经济条件的年轻人。

6. 从众动机。许多顾客在对商品的认识和购买行为上，不由自主地趋向于与多数人相一致。对商品不了解或自信心不足的顾客，以及具有意志薄弱型和顺从型性格的顾客，他们的从众心理会很强。

7. 攀比动机。也称好胜动机，其核心是购买商品时攀比他人，不甘落后，争强好胜，有虚荣心，甚至不顾自己的经济实力。购买商品往往不是因为急切需要，而是出于"处处都要超过别人"的心理，具有偶然性的特点和感情因素。

8. 炫耀动机。这是以讲究排场，显示地位、身份和财富实力为主要目的的购买动机。具有这种动机的顾客，一般是有炫耀心理的人，同时自我评价比较高，有种凌驾于他人之上的自我优越感。商品附加的社会象征意义远大于商品本身的实际效用。

9. 偏好动机。以满足个人的特殊爱好和情趣为目的而购买某一类型的商品，如养花鸟、收藏字画，这种偏好性往往同某种专业、生活情趣等有关。具有偏好性动机的人往往比较理智，消费心理具有稳定性、经常性和持续性的特点。

10. 冲动动机。冲动动机是指由消费场景刺激引起的，爆发突然，缺乏理智，对后果缺乏清醒认识的消费意识与行为。冲动是一种感性控制特别强烈而理性控制很薄弱的心理现象，以女性顾客更常见。

以上十种购买心理动机仅仅是顾客复杂购买心理的大致总结，事实上，顾客购买行为的发生还受安全动机、求便动机、求异动机等的影响。顾客真正购买商品时，是多种心理动机的综合作用。男性消费、B2B企业采购，求实、求廉等理性动机多一些；而女性消费，求美、求新、攀比等感性动机多一些。

我们营销人，特别是一线销售人员，要察言观色，洞悉顾客的购买心理动机，才能投其所好，有针对性地介绍和推荐商品。

了解了顾客为什么买，我们还必须了解顾客怎么买。

顾客的购买决策过程由引起需要、收集信息、评价方案、购买决策和买后评价这五个阶段构成。

顾客购买决策过程：

1. 引起需要。顾客认识到自己有某种需要，是其决策过程的开始。这种需要可能是由内在的生理活动引起的，也可能是受到外界的某种场景的刺激引起的。可能是刚需，也可能是非刚需；可能是紧迫的，也可能是非紧迫的。

2. 收集信息。信息来源主要有四个方面：个人来源，如家庭、亲友、邻居、同事等；商业来源，如广告、推销员、导购等；公共来源，如新闻媒体、消费者组织、KOL（关键意见领袖）/专家推荐等；个人经验来源，如个人记忆、体验等。只有了解顾客的各路信息来源，我们营销人才能有的放矢地制定相对应的市场推广和传播策略来与顾客接触、沟通。

3. 评价方案。顾客在获得相关信息后，会根据自身的知识和经验对同类产品的不同品牌进行评价。消费者的评价行为涉及：产品属性、品牌信念、效应要求、产品价格这四方面，并围绕这四方面进行系统的或潜意识的加权评价。

4. 购买决策。对商品信息进行比较和评选后，顾客已形成购买意愿，然而从购买意图到决定购买的过程还要受到两个因素的影响：①他人的态度：反对态度越强烈，或持反对态度者与购买者关系越密切，修改购买意图的可能性就越大；②意外情况：如果发生了意外情况——失业、急需用钱、涨价等，则很可能改变其购买意图。

5、买后评价。即买后的满意程度，这取决于产品的预期性能与实际性能之间的对比。购买后的满意程度决定了品牌忠诚度、复购率以及口碑，企业应尽量让产品物超所值，超越顾客的期望，这样的产品才具有持久的生命力。

对于复杂、价格高的商品，顾客的购买行为决策慎重且漫长，比如住房、汽车等大额耐用品，从引起需要到做出购买决策，持续数年都很正常，其中商品信息搜寻和评价的时间最长。而 B2B 行业设备采购、项目性招标，做出购买决策的周期甚至更长。

那些简单的、低价的、低关心度的商品，顾客的购买决策行为只需短短的几秒钟或几分钟,那过程中有没有"引起需要—收集信息—评价方案—购买决策—买后评价"这五个阶段呢？有，同样有！比如，人们逛街时，口渴引发需求——买饮料。那如何收集信息？商品的包装陈列，柜台墙壁的海报，朋友们的口碑推荐，以前的广告记忆，个人曾经的消费体验，都会在你的脑海里闪现；怎样评价方案？可口可乐、农夫山泉、营养快线、王老吉凉茶……各类饮料的属性，对各品牌的信任度、喜好度，还有价格的高低……你的大脑是"超级计算机",经过短短几秒钟的超高速运算,你就会做出最终的购买决策。

那些网络上销售的商品,那些影视节目／小说／游戏等精神消费类商品,顾客做购买决策时仍然离不开这五个阶段。

顾客为什么买,怎样买?无论相对抽象的顾客让渡(感知)价值体现的广义性价比,还是形象的、通俗易懂的顾客购买心理动机总结,或是顾客购买任何商品做决策的五个阶段理论概括,这些都是我们营销人所必须了解和领会的基本功。

了解顾客,才能满足顾客。

营销策划人员和终端面对面销售人员尤其要重点掌握、反复练习。

> **特别提示**
>
> 本节内容各行各业都适用，营销中高层/策划人员尤其适用

先 SWOT 分析，后营销决策

有调查，有信息，有分析，才有营销创意与策略决策。

任何信息都必须经过进一步的加工处理，而量化的数据分析工作大多由高速运转的计算机所承担。文字非量化的定性分析，现阶段的计算机作用有限，只能由我们的大脑进行多维度神经网络式分析。从某种意义上来说，人的大脑就是最高级别的智能计算机。

定性分析依赖于我们每个人的经验与判断。关键成功要素（Key Success Factors，KSF）及 SWOT 分析法是营销专业人士两大常用分析法。

KSF 关键成功要素分析，就是通过分析找出使得整

个企业或某个项目成功的关键因素，然后再围绕这些关键因素来制定相应的营销战略策略。关键成功要素分析法化繁就简，抓主要矛盾，是营销及管理高层必备的分析技能之一。

SWOT分析法，则是各类定性分析法中最为重要的分析法。我们制定营销策略、战术时，面临的市场信息繁杂多变，系统、及时的SWOT分析尤为重要。

无论营销高层的战略制定还是营销基层的抢单计划，还是市场文案写作，必不可少的制定步骤都是：对市场、对产品、对竞品进行SWOT定性分析！

何为SWOT分析法？即态势分析法，将与研究对象密切相关的各种主要内部优势（Strengths）、劣势（Weaknesses）和外部的机会（Opportunities）和威胁（Threats）等列举出来，并依照矩阵形式排列，用系统分析的思想，将各种因素相互匹配加以分析，从中得出一系列相应的结论，从而为营销策略制定及决策服务。

SWOT分析法是企业资源学派与竞争学派的结合，形成了结构化的平衡系统分析体系，从而能够对营销决策对象所处的情景进行全面、系统、准确的研究。

内部优势（Strengths）	内部劣势（Weaknesses）
外部机会（Opportunities）	外部威胁（Threats）

优势与劣势（SW）是相对于竞争对手而言的，企业本身可以改变或提升；机会与威胁（OT）是基于外部PEST（政治/经济/社会/科技）及市场环境有利与不利因素的判断，企业本身无法改变与控制。

优势与机会（ST）是对企业内外部一切有利因素的总结，是企业赖以成功的基础，是企业信心的源泉；劣势与威胁（WS）是对企业内外部一切不利因素的概括，企业需要不断地自我克服与提升，需要居安思危，需要客观冷静地进行营销创意与决策。

机会，是企业的外部有利因素，具体包括新需求、新市场、新技术、新产品、政策利好、竞争对手失误等。

威胁，是企业的外部不利因素，具体包括新的竞争对手、增多的替代产品、市场需求紧缩、政策利空、行业突发危机事件等。

优势与劣势，指相对竞争对手的营销各要素的比较，具体包括品牌（知名度、美誉度、忠诚度）、定位、产品、渠道、成本、价格、广告、促销、人力资源、资金、管理、人际关系等方面的优劣势。

基于SWOT分析法的营销策略原则很简单，即十六字方针：

抓住机会，避免威胁，发挥优势，克服劣势。

但是，基于SWOT分析法真正做出营销决策并不简单。假设企业面临的市场环境有3个机会、3个威胁以及3个优势、3个劣势，逻辑上就有3×3×3×3=81个营销决策选项。

基于企业资源的有限性和时间的不可逆性，营销人只能优中选优，根据两利取其重或两弊取其轻原则，选择一项或几项组织实施。

SWOT分析法不仅是营销人的必备技能，更是企业战略管理人员、证券分析师和企业家的基础技能。

SWOT分析法不仅用于分析企业营销战略，还可以用于个人择业、择偶分析。

无论企业还是个人，只要环境在变，只要有竞争对手，只要有决策的需要，SWOT法就是必备技能。

SWOT分析法的框架结构挺简单，但里面的机会、威胁、优势、劣势的分析与判断不简单，基于SWOT分析法的营销决策取舍更不简单。

企业营销高层、B2B销售人员时时面临产品、价格、传播等各方面的决策，SWOT分析能力可在实战中持续提升。

我们普通基层营销人、在校学生不可能有很多的SWOT分析实战机会，只能不断地假设不同企业、产品、顾客等场景，以不断研究相关企业和相关产品的营销案例，反复进行SWOT分析模拟演练。只有演练成百上千次后，才有可能真正精通SWOT分析法。

营销内功之战略思维

> **特别提示**
> 本节内容各行各业各营销人都适用，营销中高层/策划人员尤其适用

目标市场精确锁定，一切营销策略的前提

何为目标市场？

目标市场就是通过市场细分后，企业准备以相应的产品和服务来满足其需要的一个或几个子市场。简单来说，任何企业都希望满足特定客户群的需求，该特定客户群即为目标市场。

在大多数行业里，客户的需求一定是多种多样的，所以目标市场锁定的前提是市场细分。在 ToC 行业里，企

业可以将消费者按人口特征（年龄、性别、学历、职业、收入等），地理特征（区域、城乡、气候等），心理特征（动机、兴趣、性格、价值观等），行为特征（场景、时间、频次、数量等），划分为无数个大小不等的子市场。在 ToB 行业里，企业可以从客户规模、地理区域、企业性质、决策机制等角度出发，将潜在客户划分为 N 个子市场。

各行各业，看着蛋糕都挺大，里面诱人的小蛋糕也挺多，但问题是，你资源能力有限，不可能每个小蛋糕都吃得掉。

心可以比天大，但饭只能一口一口地吃。

市场需求具有相似性，尤其是互联网的普及，更是聚合了线下无数细分的类似需求。市场上小蛋糕越来越多，市场细分存在必然性。

可惜资源能力的有限性逼迫企业只能优中选优，只能选择一个或几个细分小市场作为目标市场。企业越小，可选的目标市场就越有限，也越重要。

目标市场（即特定客户群）找错了，便一切皆错，这是战略问题、方向问题，得三思而后行。

如何选择和评估适合自己的目标市场？以下五大要素均需充分考虑。

目标市场评估五大要素

其一，市场规模。市场规模意味着企业的体量，大企业重视大市场，小企业专注小市场。

其二，潜在市场的增长率。规模重要，未来的成长空间更重要。钢铁、水泥等产业规模大，可惜是夕阳产业。5G和基因医疗产业虽然规模尚小，但前景广阔。谁都希望潜在市场是朝阳产业。

其三，竞争状况。竞争对手实力雄厚，我们原则上应该避实就虚、退避三舍，除非自信己方有数倍于对方的兵力且实力超群。若能够选择竞争对手，则尽量选择弱小的对手，那样你的竞争优势会更强。

其四，企业自身的资源与能力评估。有多大实力做多大事，量力而行，不应好高骛远，潜在市场虽大，但不一定就是你盘中的菜。应客观冷静，对自己、对企业要有清醒的认知，不要盲目自大，也不要妄自菲薄。

其五，预计潜在市场的利润率。企业是追求持续营利的组织，预计不赚钱的事尽量不要干；预计太赚钱的事要冷静，天上不会掉馅饼。

事实上，以上目标市场五大评估要素往往是相互矛盾的。市场规模大，发展空间就小；竞争激烈，利润空间就小；

成长性行业，虽然利润不错，但规模有限，潜在竞争却不少；竞争少的，一般规模、成长性、赢利性都有限。

实务中，营销人需要将潜在的目标市场根据规模、成长性、竞争特性、自身资源能力、毛利率这五个要素进行量化加权打分，综合得分最高者或名列前茅者，即可选择为企业的目标市场。

非目标市场，该舍弃的一定要舍弃，有舍才有得。对待客户，并非要一视同仁。你的时间、精力、财力都有限，你只能重点满足目标客户的需求。

在经典营销理论体系里，市场细分理论中，市场细分（Market Segmentation）、目标市场（Market Targeting）及市场定位（Market Positioning）简称为STP营销战略三部曲，是一切营销策略的起点，是极为重要的营销理论。

这其中，目标市场的评估及精确锁定，是重点中的重点。

只有锁定了目标市场，锁定了特定客户，战略性地放弃其他客户，随后的市场定位、定价、市场推广等策略才能有的放矢。

锁定了目标市场，我们才可以全面、深入地洞察其需求，以求我们产品的质量、功能、设计、服务等完全投其所好！

锁定了目标市场，我们才有可能利用各种新旧媒体以及各类广告、公关、促销等传手段，对特定客户进行全面、系统的宣传沟通。

锁定目标市场,是开展一切营销策略活动的前提!

你若是营销中高层人员或营销策划人员,针对目标市场(特定客户群),你可以用产品、价格、渠道、市场推广等各类策略,大展拳脚。

你若是大客户面对面销售人员,针对目标市场(重点客户),你要晓之以理,动之以情,诱之以利,重点游说,重点服务。

一切营销努力都要紧紧围绕目标市场展开,花钱花在刀刃上,才能事半功倍!营销效能才能真正最大化!

> **特别提示**
>
> 本节内容 B2C 行业营销策划人员 / 营销中高层适用，B2B 行业 / 基层营销人员不适用

定位，定天下！

定位（Position），是商界、管理界、营销界耳熟能详的术语，不同行业有不同的理解。

最高层次的理解，战略层次的定位即为企业的使命定位，这是哲学问题，也是根本性问题。企业的战略性使命定位决定了企业经营活动的边界，决定了企业能做什么、不能做什么。

可口可乐公司的战略性使命定位：全球范围内的全品类软饮料公司。这意味着可口可乐公司不仅生产碳酸饮料，还要生产果汁饮料、瓶装饮用水、能量饮料……但不会出品葡萄酒、白酒，更不会跨界进军房地产、零售业、能源

行业……

顶新集团（康师傅品牌持有者）的战略性使命定位：华人世界的美食提供者。这意味着顶新集团不仅生产方便面、饼干、饮料等包装食品，还可以开"康师傅私房牛肉面""德克士"等餐饮店，但绝不会进军服装、日化、家电等行业。

只有那些极具进取心的管理者和极度自信的极少数大企业，才会不断突破自身原有的使命定位。比如，阿里巴巴从"让天下没有难做的生意"的B2B平台定位出发，一路拓展——B2C电商、阿里云、互联网金融、大文娱、新零售……仅用短短20年，就成为多元化产业运营巨擘。

在日本、德国，有许多具有百年历史的家族企业，匠人匠心，不忘初心，只为传承家族使命定位，或小而美，或作为产业的隐形冠军，虽谈不上叱咤风云，却有隐士般的云淡风轻。

营销层面的定位，首先是目标客户的定位，即牢牢锁定特定的客户群。 任何产品与服务都不可能满足所有客户的需要，只能有限地满足特定客户。所谓舍得，可理解为战略性舍弃非目标客户，有所舍才有所得。

其次是产品及品牌的基础定位。 例如质量与价格比定位，是高质高价（如奢侈品）、低质低价，还是高质低价，追求真正的性价比？又如品类定位，企业产品的营销目标一定要成为某个品类或细分品类的代表，如格力＝空调，三只松鼠＝坚果，KEEP＝健身App。再如功能特色定位，如高露洁牙膏＝防蛀牙，舒肤佳香皂＝除菌，士力架＝消除饥饿，开心麻花＝喜剧。广告学上经典的"USP独特的销售卖点"理论，就是产品功能特色定位的具体体现。基本定位还包括情感、自我表现等附加利益定位，如奔驰轿车＝稳重、成功，维多利亚的秘密内衣＝时尚，耐克运动鞋＝积极进取，等等。

质量与价格比定位以及品类定位，是成功的品牌最为基础的定位，是必不可少的。功能特色定位与附加利益定位很难同时兼顾，只能选择其一。一般情况下，越大众化的品牌越倾向于功能特色定位，越中高端化的品牌越倾向于附加利益定位。

最后才是传播及认知层面的定位。 经典的特劳特"定位"理论阐述的主要就是这种传播认知性定位。该理论强调，"我们不仅要对产品本身做些什么，更重要的是要在顾客的脑海里做些什么"。产品的功能特点、附加性能或许有很多，但顾客不一定感兴趣，企业也没有那么多宣传预算来将这些产品信息传递给目标顾客，我们只能舍弃大部分产品信息，而选取其中最重要的一点作为定位点来持续地传播。

传播认知性定位,最终体现的是前面的目标客户定位及产品的质量价格比定位、品类定位,以及功能特色定位或附加利益定位等基础定位,一般通过广告、公关活动、人际传播等手段来达到定位被目标顾客所认知的目的。

传播认知性定位的确定,必须遵循以下四个原则:

1. 目标受众导向原则。该定位必须是目标受众能感知到的、有价值的。若非目标受众,没有感知到该定位的价值,这很正常,不要担忧。

2. 差异化原则。一定要有与竞争对手不同的定位,避实就虚,避强击弱,非万不得已不要硬碰硬。

3. 简明原则。定位越简单越好。定位就是目标受众脑海里的关键词,能用一个字的不要用两个字,能用两个字的不要用三个字,越简明,越易记。

4. 稳定性原则。定位一旦开始传播,就轻易不要更改,必须数年如一日地坚持。受众脑海里品牌关键字的形成非一日之功,需要日积月累。除非科技、消费、竞争环境突变,否则企业不得重新定位。

传播认知性定位有各种各样的方式、方法,除了上述质量与价格比定位、品类定位、功能特色定位及附加利益定位这些最基础的定位外,还有品质定位、历史文化定位、价值观定位、竞争性定位等。

这其中,品类定位最为重要,让品牌成为品类的代表——大品牌成为大品类代表,小品牌成为小品类代表。很多人理解的定位就是品类定位,而没有其他形式的定位,虽有所偏颇,但可见品类定位的影响力。

此外,竞争性定位策略也非常重要。如果你是市场领导者,你可以用强势定位,你可以用数字实力佐证。比如香飘飘奶茶,一年卖出×××杯,围绕地球转×圈。如果你是实力不菲的挑战者,你可以用对立定位,与行业领军者打擂,利用顾客非此即彼的心理,总有支持你的一方。比如当年美的豆浆机挑战九阳豆浆机的品类霸主地位,用的就是对立定位——你说湿豆好我就说干豆好,你说有网隔离豆渣好我就说无网一体好。

如果你真是弱小者,那就用比附定位,站在巨人的肩膀上好歹也是个小巨人。比如高级俱乐部式比附定位,许多二线品牌宣传自己是"中国十大品牌之一""中国前八强",这些品牌不一定是行业内的前十、前八位,但是顾客们不这么想,潜意识里还是将这些品牌划归为一线品牌,企业宣传达到了比附定位的目的。

定位,定天下!针对营销高管／创业者们,社会上关于定位的培训课程众多且学费高昂,动辄3天10万元,这还真不是偶然现象!

定位不仅在过去重要,日后必将越来越重要,因为人的大脑容量有限,人们追求简单、懒惰、选择式倾听、选择式记忆的本能永远不会变,因为5G时代到来,各类信息的传播只会越来越泛滥。

B2C行业里,要想在目标顾客脑海里持续地占有一席之地,要想成为某品类代表,唯有定位。

但定位不是万能的,在理性购买的B2B行业及体验性的精神文化行业里,顾客进行购买决策时并不是传播认知大于一切,定位理论相对而言就不那么重要。

对基层营销人员而言,定位也不重要,因为定位层次太高,你根本决定不了。

> **特别提示**
> 本节内容 B2C 行业营销策划人员／营销中高层适用，销售人员不适用

品类营销：努力让品牌成为品类代表！

顾客先有品类的需求，然后才会有各种品牌的选择。

如果能够让品牌＝品类，即顾客有具体品类的购买欲望时，首先甚至唯一想到的是你的品牌，那你的品牌自然就是该品类的代表，就是该品类的市场领导者。

高端智能手机——苹果，爱国／精英手机——华为，高性价比手机——小米；空调——格力，冰箱——海尔；可乐——可口可乐，天然水——农夫山泉；坚果——三只松鼠；果冻——喜之郎；高档白酒——茅台，保健白酒——劲酒；感冒药——泰诺，止咳糖浆——念慈庵，痔疮膏——马应龙；上网搜索——百度，上网购物——淘宝；点外卖——美团；

学外语——新东方；吃火锅——海底捞……

品类营销法则是经典著作《市场营销的22条法则》中提到的三大法则之一，也是众多知名品牌取得成功的营销秘诀。在如今商品与服务远远供大于求的时代，让品牌＝品类的营销努力越发重要！

怎样尽可能地让品牌＝品类呢？营销人应在品类选择、品牌命名、品类品项深化及品牌传播方面努力。

选择一个好品类，是品类营销的基础。品类创新，是每个营销策划者梦寐以求的。大公司大品类，小公司小品类。商品过剩的时代，大品类已被大公司、大品牌所占据，但仍有许多中小品类存在市场机会。

根据生物进化论，物种的分化是历史的必然，人类社会的进步和商品品类的分化也是历史的必然。

因为电商的发展，网络上聚集了海量顾客的细分化需求，会诞生众多的中小品类，从而诞生了许多小而美的淘品牌。例如，民族风女装——裂帛，韩式女装——韩都衣舍，棉麻女装——茵曼，高端真丝连衣裙——VOA，中年女性真丝连衣裙——帛媛……

在淘宝＋天猫电商平台上，仅服装大类目下就可以细分出成百上千种品类来，许多小品类缺少代表性品牌，其中的机会不少。

科技的发展和消费的升级也会客观上促进诞生一些全新的品类，比如厨电行业中，集成灶——美大，水槽洗碗机——方太，等等。

品牌命名时直接体现和霸占品类属性。一个直接体现品类名称的品牌本身就自带品类代表的光环，给顾客以强烈的心理暗示，使其更易产生"权威的、专业的品类专家"的正面联想。

"六个核桃"直接体现核桃饮品的品类属性；"全棉时代"直接表达纯棉服饰／用品的品类属性，直接给人以"这品牌的衣服／用品都是纯棉的"心理联想；"五谷磨房"能使人联想到"天然粉类健康食品"品类专家；"林氏木业"则直接暗示"这是一家有悠久历史的家具企业"。

直接体现品类属性定位的品牌命名对传统商品而言并不容易，因为受商标法限制，比较难以申请到注册商标。

但商标法没有管辖到网络／内容产业。在这些领域出现了大量体现品类属性、命名直白的品牌，这绝不是偶然。

例如，支付宝——货币支付工具，微信——网络通信与社交工具，淘宝——网络购物平台，滴滴出行——共享出行打车平台，大众点评——服务业口碑集合平台，今日头条——重要新闻集合平台……

自带品类属性的品牌命名也自带流量，从品类需求直接引导至品牌首选,会大量节约企业的营销传播费用。

品类里的品项组合深化、细化。要成为品类专家,心理层面的品类属性取名远远不够,必须在产品或服务层面将品项细化、深化,将该品类的产品或服务做到极致,才能匹配品类专家之声誉。

Levi's(李维斯)是公认的牛仔裤品类专家,每年要推出上百款牛仔裤;耐克是公认的运动鞋品类专家,其基于运动的细分运动鞋二级品类多达十余种,品项数百种,包括篮球鞋、足球鞋、网球鞋、慢跑鞋、徒步鞋……

这些牛仔裤、运动鞋真的件件都好卖吗?并不是这样。很多品项款式的推出只是为了绿叶衬红花,是为了强化品类专家形象。

餐饮服务领域,麦当劳将汉堡包做到极致,必胜客将比萨做到极致,真功夫将米饭做到极致,海底捞将火锅做到极致……

当下流行的互联网爆品战略,与品类品项的细化并不矛盾。没有众多品项衬托的单一爆品,生命周期通常比较短暂;只有在众多细分品项、品项矩阵支撑下的爆品战略,才能持续不断地推出爆品,才会有持久的品牌生命力。

传播层面,品牌 = 品类的反复强化。简单易懂的暴力广告语,是传播品牌 = 品类的最佳手段。"果冻,我要喜之郎""海苔,我要美好时光""奶茶,我喜欢优乐美"……这些广告一打就是好多年。广告公司的创意总监对这些无创意的广告语往往嗤之以鼻,但不得不承认这些广告语强大的宣传威力。事实上,这些直白的广告语是由懂品类营销的企业最高层决定的,因为他们深知坚持将"品牌=品类"传播到底的重要性。

如果你是真正的大品类领导者,就应该有"好空调,格力造"这样的霸气;如果你仅是细分品类的领导者,就应该用"变频空调选美的"这样相对温和的品类营销诉求。

如果企业实力很强,则可以向外界传递"我是某品类专家、品类领导者"的信息。

企业产品因为满足某一品类需求而存在,让品牌=品类,你自然就是该品类的领导者。

但是,如果因为科技的进步和需求的演变,该品类走向了没落,那该品牌也必然走向末路,这是品牌=品类营销的最大弊端。诺基亚=传统非智能手机,非智能手机没落,诺基亚没落;柯达=胶卷,胶卷被数码照片所替代,柯达没落。

一些科技类行业,受更高科技的降维打击,品类的生命周期短暂,品类营销相对不重要。当然,在B2B产业中,越是上游资源型行业,越是垄断型行业,营销及品牌越不重要，品类营销自然也不重要。

如果你是综合零售企业，无论你是商超百货等传统零售，还是线上新零售、线下无人零售，你本就是各品类的集合者，一般不适于品类营销原则。但如果你是品类零售企业，则应该重视品类营销原则，比如运动品类领导者＝迪卡侬，户外品类领导者＝三夫户外。

在衣食住行、医药、教育等人类需求稳定的大消费行业以及生活服务业、互联网企业，无论过去、现在还是将来，品类营销始终很重要。

B2C 营销高层、营销策划者们请牢记：坚持采用品类创新、品牌品类属性命名、品项组合细化深化、简单明了的品牌传播手段，努力地让品牌＝品类，让品牌成为品类代表，你就是王者！

营销基本功

营销外功篇

营销外功之产品策略

> **特别提示**
>
> 本节内容营销策划人员/营销中高层适用,销售人员不适用

产品设计:戴着营销策略镣铐跳舞

毫无疑问,产品功能特色、卖点痛点的概念设计必须由企业的产品经理、营销策划人来主导。但是,产品的包装、款式设计(网络产品的核心则是页面设计,实体店的核心是装修)真的不关我们营销人(营销高层、营销策划人员)的事,应该全由设计师、美工人员创作决定吗?

非也。产品设计不仅需要营销人来指导,还应由营销人决定,毕竟产品的销量最终由我们营销人负责。

产品不是油画，不是艺术品，不是靠设计师、美工人员凭个人意愿凭空想象、凭空创作出来的。

产品应顾客的需求而生，但问题是：那些自视为艺术家的设计师们了解顾客的需求吗？他们内心真愿意向市场低头吗？他们中有几个人学习过市场营销学、消费心理学、品牌学？即便学过，又有几个学好、学精了？

产品设计（包括包装设计、款式设计、网页设计、装修设计等）与广为人知的广告创意一样，不能天马行空，必须遵循基本营销原则以及以下这些营销策略：

目标顾客的认知导向。 产品的包装、款式、页面等设计，都应以目标顾客的喜好为导向，而不能被设计师、美工人员等企业内部人自身的好恶所左右。虽然顾客青菜萝卜各有所爱，但仍有共性。比如关于颜色，少女喜欢粉色，年轻人喜欢浅色，老年人喜欢深色。

营销人必须详细概括并清晰描述目标客户和受众的人口特征、心理特征和消费场景。有了清晰的人群画像，设计师们才不会信马由缰。

以产品定位为中心。 价格定位是高端、中端还是低端？是感性定位、个性定位还是理性定位？定位不同，设计师、美工人员的创意设计当然不一样。

体现营销策略。 是品牌策略导向还是商品特征导向？

若重视品牌的长期影响力，那产品包装、款式设计中要处处强化品牌标识的识别要素。若看重产品本身，那产品包装、款式设计中要突出产品的功能、品质、品类优势。若是以促销、提销量为主的营销策略，那产品设计就应该强化突出销售卖点及广告促销口号，那些长期性的品牌、功能品质元素设计，只能弱化甚至放弃。

可口可乐、农夫山泉等大品牌的产品包装，品牌标识覆盖一半以上面积，品牌力等于销售力。但在许多不知名的饮料品牌包装上，品牌标识很小，但品类名称和产品优点的字体很大很醒目，说明这些不知名品牌更重视产品的包装设计和短期销售力，而不在乎品牌的长期竞争力。

目标顾客特征、消费场景、产品定位、品牌或销售导向的营销策略，这些内容或限制因素，营销人（身份可能是市场部经理、品牌经理、产品经理等）都必须清晰无误地告知设计师、美工人员，并跟进评估相关设计是否吻合给定的营销原则与策略。

当然，设计师、美工人员遵循的颜色、字体、图案、构图等设计美学基本原则，我们营销人尽量不要干涉，毕竟他们才是专业人士。

除此之外，该指导的一定要指导，该干涉的一定要干涉，该修正的一定要修正，否则就是失职，就是不负责任。

产品设计营销策略导向，强调产品功能特点等文案图案，可能会与设计美观性原则相冲突。若两者难以兼得，那么权衡利弊，美观性只能让位于实用性。

中国营销史上，椰树椰汁的包装设计案例尤为经典。在企业最高层的要求下，产品图案设计坚持功能特色导向。包装图案密密麻麻的都是文字，只要包装上有空白的地方就印上文字如，不加香精，不加色素，不加防腐剂……这些字体不仅大，而且在不同位置反复强调三次！这种原始且直白的包装设计被设计师、媒体嘲讽了30多年，但人家的产品同样持续畅销了30多年！椰汁＝椰树，在竞争对手的围追堵截下，椰树牌椰汁在30多年中，品类霸主的地位从未动摇过。

椰树椰汁的案例毕竟少见，我们还是要尽量争取包装设计实用性和美观性的和谐统一。我们不一定要完全模仿学习，但营销高层、营销策划人心里应该清楚：产品的包装设计终究服务于卖货这一终极目的，因此产品设计一定要戴着营销策略这副"镣铐"。

不仅是产品设计，平面广告、视频广告、公关活动等相关创意策划活动，也不能天马行空，也同样要戴着营销策略这副"镣铐"！

> **特别提示**
>
> 本节内容 B2C 行业 / 营销策划人员适用，营销中高层尤其适用

产品组合：持续扩张还是聚焦收缩

企业的使命是持续提供产品以满足目标顾客的需要。

产品的研发、制造过程本身跟我们营销人不相关，但研发和制造什么样的产品，则应由洞察市场需求的营销人指导决定。

毫无疑问，产品的功能、款式、包装设计以及产品的优点、亮点、记忆点，都应以目标顾客的喜好为导向。

处在创业初期的企业，产品品项少，几乎无须产品组合策略。但如果你进入了高速成长期，或者你是拥有众多产品线和产品品项的大中型企业的高层营销人，你就必须认真规划并慎重考虑各类产品的组合策略。

产品组合策略具体包括产品扩张、收缩、改良、优化

等策略，其中最重要且最难的是产品扩张还是收缩的策略。

中国经济持续多年发展，奋发进取的企业家们也习惯了产品扩张策略。产品扩张，进入更多细分市场，满足更多顾客的多种需求，短期内能提升销量。虽说优点明显，但缺点也明显：企业需要投入更多财力；由于多产品、多品牌管理，营销高层的管理能力面临巨大挑战。

生孩子容易，养孩子难，养多个孩子更难。推产品易，出爆品难，产品经理们最喜欢推新品，但真正的营销高手更多是对产品扩张策略持谨慎态度，他们更重视产品专注聚焦与收缩策略，即便是在经济扩张时期。

近年来，经济局势变幻莫测，无论是否受情势所逼，具有降成本、降负债优势，专注聚焦提升竞争力优势的产品收缩策略，已成为企业高层的共识。

事实上，宝洁、雀巢、联想等诸多知名大企业在这几年正在不断地卖品牌、收缩产品。

裁减产品，说起来容易，但手起刀落很难，都是自己的"孩子"，舍弃哪个都心疼。

裁减产品应考虑以下五方面的因素：

其一，需求的可替代性。 企业是否有相似产品满足相同顾客的需求？同类项归纳，果断裁减类似产品。当年，宝洁旗下的飘柔洗发水有数十个 SKU 在沃尔玛销售，沃尔玛货架面积有限，要求收缩SKU品项数量，飘柔品牌裁掉大半品项，但销量并没有下滑。品项丰富没错，但陈列太多的品项会给顾客带来选择的烦恼，反而可能弄巧成拙。

其二，竞争的激烈程度。这不仅看企业产品内部的相互代替，更要看竞争对手的数量及实力强弱，对手数量越多、越强的产品越应优先裁减，避实就虚是营销战的基本原则。

其三，市场潜力。产品进入成长期，市场潜力大的优先保留；产品已进入衰退期且市场潜力很有限的，果断淘汰。

其四，成本与利润。产品毛利相对不高，维护及发展成本却比较高的，优先裁减。

其五，销量。销量低的优先考虑裁减，但不一定非得裁减。很多企业裁减产品，本能地看产品品项的销量排名，排名靠后的一律裁减，美其名曰：末位淘汰制。这种简单粗暴的产品收缩决策，应为营销专业人士所不齿。

理论上，当某些产品内部可代替、竞争激烈、进入生命周期末期、利润低、销量少了，那理应裁减淘汰。

但现实是，某些产品销量低利润率高；某些产品销量低但处于成长期，竞争力强；某些产品内部可代替，但销量大……当各种因素相互冲突时，又该如何决策？

这没有标准答案，考验的是营销经理人的全局性系统思维能力，以及轻重缓急的理性判断能力。

产品扩张曾经是被优先考虑的产品组合策略，但现在及将来，产品专注聚焦与收缩策略也必须是优先项。

众多 App、公众号等内容产品，也并不是频道入口越多越好，不是内容越多、发布频次越高越好，如何精简、精炼才是更大的学问。

裁减产品、裁减页面时如何不唯末位销量论，不唯末位点击率论，才真正体现营销决策者的能力！

B2C、B2B 产业的营销高层、营销策划者们请注意：

请克制欲望，理智决策，不要盲目扩张，也不要粗暴裁减！

首先以专注聚焦为基本原则，时刻重视产品收缩策略，从需求替代、竞争、潜力、利润、销量这五个角度出发进行系统分析，权衡利弊得失，然后再手起刀落、严谨果断收缩产品的，才是真正的营销高手！

> **特别提示**
>
> 本节内容各行各业都适用，营销策划人员尤其适用

走好这七步，新品上市百分之百成功！

新品上市后失败的概率极高，无论是学术文献还是新闻报道统计，在全球范围内，企业新品上市后的阵亡率超过 90%。

什么样的绝世武功营销秘籍能让新品上市万无一失，取得百分之百的成功？

如果营销人能够遵循以下列举的新品上市七大步骤，认真严谨地走好每一步，那么新品上市在理论上一定会取得百分之百的成功！

第一步，基于顾客、竞争、企业能力 3C 营销三角模型分析，找出潜在市场机会点。好的市场机会点一定是顾

客需求大且持续增长，一定是竞争对手比较弱小或者对手忽视的，或者是对手无法满足顾客的潜在需求，一定是企业有研发制造能力并能生产出满足潜在需求的新产品；同时，企业具有相匹配的营销策划与渠道销售能力。

若真有这样的市场机会点，新品成功概率就已经远超了业界平均水平。

第二步，确定目标客户、人群，并给出清晰的定位。 B2C企业，要对目标人群进行准确的描绘，如年龄、学历、职业、性别、收入、心理、行为特征等；B2B企业，同样要精确界定目标客户的规模、区域、行业、决策机制等，要懂得专心、专注、专一地服务你的目标客户；更要懂得放弃：来的不一定都是客！

想给潜在新品清晰明确的定位，要先确定质量价格比定位、品类定位，再考虑是否需要情感或功能质量理性定位。定位过程中的重要一环同样是舍弃：不是每个价位、每个功能都能满足目标顾客的需求，即便你认为可以，顾客也可能不这么认为，因为定位的核心是认知。

第三步，在营销人的指导下进行产品设计、研发、制造。 以目标顾客需求、产品定位等营销原则，提出产品功能、款式、外观、包装概念等，设计人员及研发制造人员的责任就是执行营销决策者的指令，将概念变为现实，按时设计、研发和制造出新产品。

在很多企业里，研发、制造、市场、销售等部门谁也不服谁，光有冷冰冰的指令，设计、研发、制造人员很难真正百分之百地执行。只有真正树立以需求为中心，以营销为龙头的企业文化理念，只有组建起真正强大的营销部门或者企业最高层亲自挂帅，让相关部门心悦诚服，他们才可能会百分之百地执行。

很多新产品的失败都在于产品概念与真正产品之间的落差太大，出师未捷身先死。

第四步，进行市场调查测试。 企业的新产品样品应该进行多轮测试。快速、耐用消费品、App 公众号等新经济产品，其功能、款式、包装、页面乃至价格预期，都应该进行目标消费者满意度调查测试，包括定性的焦点小组座谈，以及定量的满意度问卷调查。ToB 的产品样品应由目标客户试用，采用一对一专家意见深度访问法，以真正了解目标客户对产品样品的反应。

如果经调查测试，产品功能、款式、包装等目标顾客有不满意的地方，就必须返工重来。如此反复，直到目标顾客调查测试满意为止。

第五步，制订系统全面的新品上市计划。 仅有顾客满意的新产品还远远不够，还需要目标顾客认可的价格策略，更需要与之匹配的渠道策略，以及特定营销经费支持的包括广告、公关、促销、推销等多种手段在内的切实可行的市场推广策略。

以推式营销为主的传统中小企业，以及 ToB 企业新品上市计划，重点在于新品出厂价、批发价、零售价各层级利润空间的设定，以激励渠道成员积极推销新品，同时给企业内部的销售人员一定的新品上市铺货激励。天下熙熙攘攘，皆为利来利往，只有企业内外部销售成员均有利益，才能顺利打通渠道通路。

以推拉结合为主的传统大企业，以及基于网络无须渠道铺货的 App、公众号等新经济企业的新品上市，则更要重视线上、线下广告，公关软文事件营销等多媒体、全媒体营销传播活动的策划跟进。

第六步，进行真实市场实验测试。选择实验地区（对 App 而言，则是选择特定目标人群进行内测），严格执行新品上市计划，渠道成员该激励的激励，广告该投放的投放，社群营销该做的做。在新品上市实验测试过程中，若发现产品、定价、市场推广策略等方面出现问题，必须及时反馈、评估、修正，直至达到预期营销目标。

第七步，新品正式上市。全面执行经真实市场测试过的新品上市计划，不犹豫、不走样，新品上市一定会大获全胜！

只要认真走好这七步，新品上市就会百分之百成功！但现实中，新品上市的失败概率很高，是因为很少有企业能够完整地走好这七步！

在上述七步中：

第一步就很难，基于顾客、竞争、企业能力3C三角模型的市场机会点很难找，这样的新品开发机会本身就很少。很多新品不是基于市场机会，仅是为开发而开发。

第三步往往受制于设计、研发人员，营销人提出的新产品概念往往实现不了，最终的成品往往大打折扣。

第四步的市场调查测试，许多企业根本不重视，或者因为担心耗费时间、延误战机而有意无意地忽略这一步，从而压低了成功概率。

第五步，优秀的新品上市策划方案不容易，计划书不好写，这真正考验营销人的系统性、务实性策划能力。另一方面，受限于企业有限的营销经费，市场推广与传播策划无法匹配新品上市所需要的知名度、美誉度等影响力，新品"养在闺中无人识"。

第六步，大多数企业干脆直接省略，既费钱又费时，新品上市真实测试费钱是个问题，费时更是个大问题，商机可能一闪即逝。为了提升成功率，需要进行真实的市场测试，但这又违背了更快满足目标顾客需求这一基本准则，万一竞品抢先一步上市了呢?这后果谁也承担不起。

效率与成功率不可兼得,这是个营销悖论,还真没有两全其美的办法。

以上多种主观的、客观的原因,都在不断地拉高新品的失败概率。

无论怎样,新品上市,我们营销人(营销策划人、营销高层)都要追求百分之百的成功。梦想还是要有的,万一实现了呢!

营销外功之价格策略

> **特别提示**
>
> 本节内容营销策划人员／大客户销售人员适用，营销中高层尤其适用

价格：唯一产生收入的营销要素

价格，是唯一产生收入的营销要素。其他营销要素要么费脑，比如营销 3C 模型分析、SWOT 分析、STP 战略、营销策划创意；要么费钱，产品上市、渠道组建、广告促销、营销传播……方方面面都要钱。

给产品定个好价格，要么带来销量，要么带来利润，重要性怎么强调都不过分。

营销竞争，从价格层面上看只分两种：价格竞争与非

价格竞争。价格竞争即价格战，无太多创意可言，考验的是营销高层、最高决策者的魄力与决心。

要实施价格战，必须有两个前提条件和一个预期做支撑，否则价格战就是自寻死路。

前提条件之一：企业产品成本领先，只有拥有因技术进步或商业模式创新或管理效率提升产生的长期成本领先战略优势，才敢于打价格战，敢于进行持续的价格竞争。

前提条件之二：企业有充分的资金来源做保障，价格竞争是烧钱比赛，是持续的资金消耗战。各方商业模式相同，比的就是背后投资者持续的资金投入量。

一个预期是，当价格战停止，某一方烧钱胜出后，顾客的需求是否还存在？顾客还会为正常的价格买单吗？共享出行、共享单车是刚需，当胜出者一统江湖后，自然有了定价权。滴滴打车平台下单的价格已不再便宜，但人们已经离不开滴滴了。但当年上门洗车、上门推拿、上门美发美甲、上门做菜等O2O企业低价"烧钱"大战后呢？一旦回归到正常价格，顾客需求便大量消失了。低价的上门服务是伪需求，生活服务业到店消费才是永恒的存在。

非价格竞争，差异化竞争，不打价格战打价值战，这才是营销高手的追求。追求品牌差异、定位差异、产品差异、渠道差异、服务差异、市场推广与传播差异，最终目标都是实现价格差异,让品牌/产品具有附加值,产品既卖得好还要卖得贵。

关于价格与需求的关系,经济学上有个著名的需求曲线理论,即价格越便宜,销量越大;反之,价格越贵,销量越小。

但是,站在营销学角度,这需求曲线是片面的,甚至是错误的。该理论仅适用于无差异的、抽象的产品领域,现实中绝大部分产品都存在物理上或心理上的差异。比如手机行业的苹果、华为,奶粉行业的惠氏、合生元,汽车行业的奔驰、宝马,软件行业的IBM,休闲食品行业的喜之郎果冻、闲趣甜趣饼干……都是价格高还卖得好!这些行业都打破了价格越高需求越低的需求曲线规律。

卖得贵还卖得好,那才是真水平,才是真高手!

企业产品的定价是策略也是战略,要考虑政策、成本、定位、竞争、渠道、行业结构、时机等方方面面的因素,最终的定价决策由企业最高管理层决定,一般营销人只有建议权和提报权。

产品与服务的定价影响因素固然多样,但核心是以下三大因素:

其一,目标顾客心理需求导向法。该方法不考虑产品的成本,只要多问问目标顾客:"这产品多少钱您会考虑购买？"然后定个大多数目标顾客都认可的价格即可。这种需求导向定价适用于技术含量高、顾客信息不对称、生产成本低毛利高、无竞争的新产品。

其二，竞争导向法。市场上绝大部分产品都存在竞争对手，你产品的定价是高于、低于还是约等于竞品的价格，这取决于你的实力与营销目标。以高端品牌高毛利为目标，产品定价必须高于甚至显著高于竞品；以提升市场份额与销量为目标，那产品价格就只能低于竞品。B2B、B2G招标领域的产品，企业只能采用竞争导向法定价，别无他法。

其三，成本导向法。企业是追求盈利的组织，原则上不能做亏本生意。一些企业的产品定价由财务测算后提出，是典型的成本导向思维。批发零售、OEM生产加工（代工）等企业率先考虑的是成本导向法。

对于绝大部分企业的绝大部分产品而言，产品定价是需求导向、竞争导向、成本导向三大影响因子的综合结果，只有全局思维、高屋建瓴、身经百战的营销高层才能做出理性的、切实可行的价格建议与决策。一些品牌产品，无论制造业还是服务业，若定价由财务人员或研发生产系统的人员所主导，那就是大错特错。

一般而言，研发投入大的科技类、医药类产品，设计、款式导向的服装，采用的是先高后低的定价策略；食品饮料等快消品、生活服务业、B2B持续供应类产品,采用的是各方满意定价法,在很长一段时间内价格尽可能稳定不变;互联网企业流量为王,先圈地再涨价,往往采用先免费或低价再高价的定价策略。

产品定价策略直接关系到销售额与利润,是重大的战略性决策,企业最高决策层、营销高层应予以重视,不要放权,不要推诿,坚决负起该负的责任!同样,对于相应的价格管控政策(包括出厂价格的稳定性,渠道零售价格的一致性,线上、线下价格的统一性),营销高层也必须高度重视!

营销基层销售人员虽没有战略性定价权,但应深刻理解企业高层定价决策缘由与背景,用好手中的产品、服务的战术性折扣权和让利权。

当然,对那些依赖广告费收入的新媒体行业,那些依赖期货市场价格发现功能的资源性行业,那些水电路等公共事业,政府予以价格管控的行业,企业的定价策略不重要,甚至很不重要,因为你没有定价权。

> **特别提示**
>
> 本节内容营销中高层／市场策划人员尤其适用，消费品行业尤其适用

涨价或降价：这绝对是系统工程

产品的价格不是一成不变的，当宏观环境（通胀或通缩）变化时，当企业面临成本上升、下降时，当面临对手价格竞争时，企业营销决策层必须当机立断：涨还是不涨？降还是不降？

这是艰难的决策。这不仅涉及企业的产品竞争力问题，还直接涉及利润问题。问题还在于产品的涨价、降价不仅仅是一项决策，还是一项系统工程，必须有相关的营销策略跟进，绝不能孤军深入，否则后果不堪设想。除非你是垄断企业，涨跌价由你说了算，下游几无讨价还价能力；除非你是 ToB、ToG 竞标投标型企业，产品服务的价格

几乎完全受制于买方；除非你经营的是精神文化类、虚拟类产品，没有下游的实物库存，价格涨跌决策不必有配套策略的跟进。

在竞争性行业里，特别是在快消品、耐消品行业内，无配套营销政策跟进的涨价或降价会造成以下灾难性的后果。

产品突然降价，经销商／代理商库存怎么办？在手订单怎么办？让渠道、客户全部承担降价损失肯定是不现实的。这么多年，每当房价进入下降周期时，为什么总会出现要求开发商退钱的新闻？还不是倾毕生积蓄购买的顾客心理上承受不了新房价格下跌的事实。产品突然涨价，经销商／代理商必然会观望，暂停进货，终端顾客对于是否继续购买同样会犹豫不决，结果必然会导致一部分顾客的流失。

那该如何涨价，如何将顾客流失降低到最低限度呢？

是否要提前一段时间将涨价信息告知渠道商或顾客？一纸限期的涨价通知明确暗示渠道囤货、顾客囤货，这其实是一种移库行为，短期内企业销量上升，财务报表好看些，但留下了巨大隐患：渠道货物积压严重，渠道价格混乱。这是种杀鸡取卵、竭泽而渔的行为，并不可取。

为了公平和市场的良性发展，企业产品的涨价决策应是顶级机密！一旦决定，必须第一时间执行，不给关系户囤货的机会！

在宣布涨价的同时，还应该有买赠奖励、促销品、促销活动等营销政策的跟进，让顾客对产品涨价有个适应期，随后促销力度逐步降低，直至顾客慢慢接受涨价后的产品。

温和的、悄然无声的涨价策略还有：比如，对包装消费品而言，可以价格不变，但适当减少内容物数量；可以价格不变，但适当降低内容物品质，前提是品质的降低不影响顾客的感知；可以推出新品牌、新包装、新品项，进行全新定价，令顾客失去可比性。

若因成本降低或竞品降价，那企业又该如何降价？

企业产品的降价决策一定是即时的，若是有一定期限的降价通知，那在这个期限内没有经销商、顾客愿意进货囤货，因为买涨不买跌，这是明显的损失。

关键在于：一纸降价通知后，渠道商原有的、高价格的库存怎么办？刚刚重金购买的顾客怎么办？企业置之不理，任由渠道商承担跌价损失？那以后谁还敢跟你做生意！

注重长期发展，重视渠道利益的企业一旦做出降价决策，就会同步盘点渠道商的库存，给予相应比例的跌价补偿，甚至也会给重要顾客一定金额的补偿。从财务角度来看，前期已计入企业报表中的利润要硬生生地吐出来，但这也没办法。

一纸降价通知过于简单粗暴，可进可退的变相降价策略，才是营销高层应该优先考虑的。

比如，包装消费品推出加量不加价促销装和量贩装；耐用消费品可推出特卖款，可延长保修期；新房销售可赠送装修、家电、车位、物业服务等；对渠道商而言，可以增加年底返利，可额外安排出国旅游、学习培训等附加服务及福利。

一涨了事或一降了事，虽然一时很爽，但后患无穷！很多行业营销高层对涨价、降价工程很不敏感，甚至有意无意地忽视，这是个灾难。

兼顾短期，着眼长期，无论B2C还是B2B企业，营销高层决策时都要深谋远虑、系统思维！产品涨价/降价决策绝不止一纸通知那么简单，牵一发而动全身，一定要有相关政策同步跟进！

涨价或降价，这绝对是个系统工程！

营销外功之渠道策略

> **特别提示**
> 本节内容 B2C 营销中高层、营销策划人员适用,消费品行业尤其适用

电商时代,渠道大演变中的危与机

互联网正史无前例地深刻改变着一切:我们的生活方式、社会关系、生产方式。电子商务也正改变和颠覆着众多企业传统的渠道销售模式。

网络无限的商品陈列空间,大幅节约顾客的时间、体力、精力、货币成本的电商平台正如火如荼地发展着。无论淘宝、天猫、京东还是拼多多,科技创新的力量都在以排山倒海之势,降维打击着零售业。

传统的百货零售业率先凋零，紧跟着衰败的是各类专营店、专卖店。数年前风头正劲的连锁大商超，如沃尔玛、家乐福、大润发、华联、华润万家、物美……风光已不及往日。这些连锁商超好不容易从业内竞争中胜出，却败给了时代。电视购物、目录直邮尚未成长起来就被电商的浪潮扼杀在了萌芽中。各地的各类消费品批发市场早已无往日繁忙，同样日渐萧条。

如今看来，整个传统批零产业暗无天日、愁云惨雾，怎一个凄凉了得？

上游众多依赖传统渠道的实体制造企业，同样逃不掉电子商务的降维打击。

方便快递运输的服饰、美妆、休闲食品产业，品质相对标准化的大小家电、电子数码产业，短短数年，电子商务成了其主渠道。还有日用百货、家居家纺、包装食品、运动户外……未来，对于绝大多数的商品类目来说，电子商务都将是其主渠道。

天猫、京东自营网上超市在高速发展，未来一段时期仍将高速发展，以后一个天猫超市的营业额可能等于成百上千个沃尔玛大卖场的营业额，这并不奇怪。

线上电商与线下批发零售的竞争，本质上就是一场零和游戏。

那些线下有大量批零渠道的 B2C 品牌，无论快消品还是耐消品，无论大品牌还是小品牌，如果不果断地战略性拥抱电子商务，不进行全渠道营销，最后一定是品牌坠落乃至消亡的结局。

覆巢之下，焉有完卵？

"现在不做电子商务，将来无商可务！"（马云）

凡事皆一体两面，不重视电商的传统品牌的危机，对一些行业、一些新品牌而言，却是难得的机遇。

纯电商品牌迅猛崛起，服饰业的韩都衣舍、茵曼，美妆业的阿芙、花西子，休闲食品业的三只松鼠、百草味，家居业的林氏木业等，短短数年间，营业额呈指数级增长，令传统线下品牌望洋兴叹。

还有无穷尽的小而美的纯电商品牌，正如雨后春笋般地诞生、崛起。

虽然以淘宝为代表的电子商务已发展了十余年，但站在人类历史长河的高度上看，这仅仅是开始。各行各业 B2C 创业者和营销者要切实重视淘宝、天猫、京东、拼多多、微盟、有赞等电商平台上的销售，这些电商渠道中仍有大把的机会。

电商还带来了全新的外卖时代。万亿级市场的餐饮业基于美团、饿了么外卖平台，诞生了并仍在诞生数不清的专注于外卖市场的餐饮品类新品牌、新企业，外卖渠道的市场机会仍不少。

阿里巴巴倡导的新零售（盒马鲜生），实质上是鼓励传统零售业+网络新科技，整合线上、线下资源进行转型升级，这是零售业的2.0版本，但终究还是传统的零售业，最终可能还是抵挡不了线上电商的降维打击。其实阿里巴巴的淘宝、天猫才是真正的新零售，但阿里巴巴强调的线上、线下整合互动这一精要，意味着线下传统品牌的机会。

一些拥有强大线下资源的传统品牌，只要战略性地重视网络电商，全渠道整合营销，各渠道合力互动，反而会化危为机，打造出异常强大的全渠道竞争力。

全渠道整合营销，线下大品牌的机会

家居业的顾家家居，奶粉业的合生元，服装业的优衣库，线上、线下同品同价，线上、线下同步促销，线上、线下信息共享、利润共享。线上下单，线下离顾客最近的加盟店、经销零售店可第一时间配送，加盟店、经销零售店每单获取配送利润，化解线上、线下渠道的冲突、矛盾。线上、线下优势互补，利益共享，这才是全渠道整合营销，这才是线上网络电商背景下的线下品牌渠道策略的升级之道。

拥有线下门店资源的企业不妨学学上述全渠道整合互动模式。但是更多的不具备线上、线下整合条件的传统消费品企业怎么办？怎么迎难而上地进行电商渠道建设、布局？

电商时代，这些传统品牌的网络销售面临着众多困惑：相同的产品，如何协调或区分线上、线下的零售价格？如何实现线上＋线下＞2 的增量销售效果，而不是简单的线上对线下需求的存量替代？网络销售如何既增加销量又扩大品牌影响力？在网络销量一定的前提下，如何实现利润最大化？

没有一种电商渠道模式能够全面满足传统企业在价格管控、增量销售、强化品牌、利润最大化等方面多维度的目标。不同的网络销售渠道建设模式有各自的优劣势，取舍的关键在于传统品牌网络销售能力的积累和决策者的核心目标。

传统企业的电商渠道建设三大模式：

1. 网络经销制。传统企业与网络批发／零售商签订经销合同，企业与网络批发／零售商之间是单纯的商品买卖关系，这与线下的经销商赚取批零差价的模式没有本质区别，网络销售渠道仅是线下渠道的补充。网络经销制又分为多家分销和独家经销两种，品牌越强势，越倾向采用多家分销制，反之则倾向采用独家经销制。

对传统企业而言，这是最简单省事的网络渠道建设模式。传统品牌在销售渠道（批销渠道、商超渠道等）建设和管理方面经验丰富，网络渠道的销售本质与传统线下渠道一致。采用网络经销制，企业可以借鉴和移植其线下管理经验。但是网络经销商经营成本低，销售区域无边界，价格战是其获取销量的常用手段，其销量主要来源于线下存量需求的转移，这非常容易激发线上和线下渠道的矛盾，也容易引发网络经销商与企业的矛盾。网络经销渠道，传统企业难以掌控线上零售价格，无法发挥网络短渠道销售的控制优势，不能获取网络零售价值链上的利润，更难以起到传统企业在网络上的品牌传播和维护作用。

2. 网络代运营托管制。传统企业与网络零售平台（包括淘宝、天猫、京东、拼多多、唯品会等）签订网络直营旗舰店入驻协议，同时将店铺的运营（包括店铺设计、客服接单、仓储发货等）外包给专业电商托管公司运营。电商托管公司收取月度托管服务费及销售佣金，销售佣金一般按网络零售额的一定比例（一般在 1%~10%）提取。

伴随电子商务的发展，我国各地电商代运营公司如雨后春笋般地出现，仅在电子商务之都杭州就有成百上千家电商代运营公司。传统品牌采用网络代运营托管制，其本质是借鸡生蛋，将"客服、零售仓储、发货"等业务外包，自己掌控网络旗舰店的所有权以及品牌、价格、推广等核心资源，并能获得零售价值链中的多数利润。不利之处在于，电商托管公司鱼龙混杂，优秀的、有实力的不多，难以找到合适的电商托管公司；一旦签订托管合同（一般是1~2年），在托管期内，传统企业的网络销售必受制于人，且必须付出不菲的电商代运营托管佣金。

3. 网络零售直营制。传统企业组建网络销售部门（事业部或独立电子商务子公司形式），与天猫、京东、拼多多等各大网络零售平台直接合作，开设网络直营旗舰店，自主负责网络旗舰店的设计、定价、客服、售后、促销推广等日常运营工作。部分激进的、财大气粗的传统大品牌企业甚至直接建设垂直 B2C 零售商城，采用全方位网络零售直营制。

如同设立线下直营门市部或专卖店一样，传统企业在天猫、京东等销售平台上设立网络旗舰店，有利于全面掌控网络零售价值链，肥水不流外人田，有极强的价格控制力，能真正发挥网络零售短渠道优势，还能够兼顾品牌建设和销量之间的关系。其弊端是：传统品牌的管理层不熟悉电子商务运营，缺乏可靠的网络运营队伍，难以解决电商运营文化和传统管理文化之间的冲突。

传统企业利用互联网自己建站销售的直营模式，因引流成本巨大、独立网站维护成本过高等，弊远大于利，不宜提倡，但是通过微信公众号、小程序建设品牌商城，设法增加私域流量、扩大流量池，这值得提倡。

网络经销、网络代运营托管、网络零售直营，这三大电商渠道建设路径各有利弊，传统企业该如何决策、取舍？

传统品牌电商渠道建设路径

服饰鞋包、日化用品、家纺家具、家用电器类备受电商打击的一线传统品牌，基于战略发展之目的，应不遗余力地组建网络销售部门，采用有渠道掌控力、零售利润最大化的网络零售直营制（但不必自建独立网站销售），应尽力突破网络运营人才、文化、机制的瓶颈，锲而不舍，知难而进！传统企业＋互联网＋电子商务是不可阻挡的时代潮流。若因电商运营人才不足而不敢仓促采用网络零售直营制，权宜之计是采用代运营托管制，一旦时机成熟，必须早日采用以网络零售直营制为主、托管与经销为辅的渠道模式。

专注于核心业务，习惯于非核心业务外包的外资品牌，应首选网络店铺代运营托管制。外资品牌企业管理等级森严,日常运行机制规范有序(不轻易设立电商子公司,不轻易打破工作流程),职员高薪、高效、精简,擅长并专注产品研发、品牌建设等核心能力的打造。外资品牌习惯于将"市场调查、批发零售、仓储配送、销售服务"等非核心职能,特别是非知识密集型业务外包,网络零售同样被定义为非知识密集型业务,采用网络店铺托管制因而成为必然。

不同的管理机制、工作流程、企业文化、员工结构,决定了外资品牌企业(也包括部分国内大品牌)难以实施网络零售直营制。事实上,宝洁、飞利浦等著名外资品牌,以及我国的美的、联想、上海家化等著名品牌的网络销售皆采用外包托管制。

对于一些国内二、三线传统企业而言,因企业的品牌建设能力不足,电商运营人才稀缺,网络销售最好采用一体化电商运营托管制,即将网络旗舰店的设计、客服、推广等功能全方位外包,要充分相信电商托管公司的专业运营能力。如果电商托管的旗舰店获得了预期中的成功,在电商运营人才引进及运行机制准备到位的前提下,中小品牌可以终止外包托管,自主运营网络品牌旗舰店。

在互联网浪潮席卷而来的时代,传统企业不能再彷徨观望,更不能墨守成规,应主动积极进军电子商务,应有步骤、有系统地建设电商渠道，否则必将被时代所淘汰。

对绝大多数传统企业而言，网络经销制乃至代运营托管制，均应是权宜之计，应该建立电商事业部或子公司，引进、培养电商经理人，为电商渠道开发不同款式、不同包装、不同型号、不同品牌的商品，迎合网络消费人群的喜好，制定适合电商行业的管理规章和考核制度，终极战略目标应是既树品牌又有销量及利润的网络零售直营制。

传统 B2C 企业尚可化被动为主动，主动建设电商渠道，主动拥抱互联网。

可是 B2C 企业产业链下游的零售业遭受电子商务致命的降维打击，逃无可逃，大部分零售企业衰败乃至消亡，将是历史的必然。

但仍还有许多行业不受电商影响。

在上游资源产业、中游 B2B 产业、下游生活服务业（餐饮业除外）等产业中，电商的影响有限。

即便是 B2C 行业内，一些行业内电商也不是主渠道。需要现场体验感、尊贵感的服饰鞋包高端品牌，品牌专卖店仍是主渠道。即时消费为主的饮料、酒类，便利店、餐饮店是主渠道。易腐易坏的生鲜果蔬，独立或卖场内的菜市场、专营店是主渠道。高单价、重售后服务的家用轿车，4S 店仍然是主渠道。

这些行业内，电商终究只是配角。但不得不承认，在更多的 B2C 行业中，电商终将是主角。电商时代是渠道变迁的大时代，正影响着无数的企业和无数的营销人。

B2C 行业的各位营销人，你们理解了电商大时代的危与机吗？你们已经有应对之策了吗？

> **特别提示**
>
> 本节内容营销中高层/渠道销售人员适用,消费品行业尤其适用

直营还是经销(代理)?控制性与经济性的权衡

有好产品,还得有好渠道。问题是,渠道怎么建?企业自己直营(自营、直销)还是外包采用经销(代理)制?(法律意义上,经销涉及商品所有权的转移;代理只涉及佣金提成,不涉及所有权的转移。两者含义截然不同,基于商界的约定俗成,在此不做明确区分。)

这对线上短渠道的网络品牌或无须线下渠道的精神文化产品而言,都不是问题。

对线下传统实体企业(特别是消费品行业)而言,这是个很难做出又很重要的决策。

企业直营的好处显而易见：掌控终端定价权，掌控下游客户人脉及信息，打通渠道价值链增加毛利润率，本质上是增强对市场及客户的控制力和影响力，有利于企业的长期发展。

但直营的弊端也很明显：直营渠道组建速度慢，销售队伍相对庞大，人员、库存、资金管理难度大，营销费用支出大，企业可能增收不增利，中短期投入大，产出却不确定，性价比不高。

企业采用经销（代理）制的利弊刚好与直营制相反。利是企业渠道投入小，销售网络组建速度快，高效利用经销（代理）商之人脉、资金等资源，销售产出高，中短期性价比高。弊是难以直接控制终端零售定价，当地客户的人脉及信息被经销（代理）商掌握，企业失去对终端市场的控制力，不利于企业的长期发展。在一些渠道为王的产业领域，渠道外包性质的经销（代理）制被大企业视为大忌。

企业直营还是经销（代理）制的决策，本质上是对市场控制性及投入经济性的权衡。

如果是资金有限、管理能力有限的小企业、小品牌，无论 B2C 还是 B2B 行业，都应借力打力，节约有限资源，优先采用经销（代理）制为上策，先生存后发展，未来再考虑是否需要直营。

如果是已茁壮成长的大中型企业,若立足于更长远的发展,若有充足的人力、财力供给,若对自己的营销管理能力有足够的自信,则应优选直营制,牢牢掌控市场(包括定价权与客户资源)。但若着眼于中短期利益,若人力、财力有限,若营销管理能力不足,则应该考虑经销(代理)制。

在饮料行业,综合实力强劲的可口可乐以品牌长期发展为导向,着重于市场的可控制,是采用直营制的代表,仅在管理难度大的中国三、四线城市辅以经销(代理)制,抓大放小。康师傅则采用中心城市营业部直营制+经销(代理)制,双轨并行,兼顾控制性与经济性,兼顾长期和短期利益。而娃哈哈长期采用的是密集经销(代理)制,着重于中短期利益,但缺乏对市场的长期控制力,后劲明显不足。

万物生长,皆有规律,笑到最后的一定是渠道控制力和竞争力强的企业。不依赖苏宁、国美等连锁家电零售巨头,省级销售公司控制下的3万家专卖店是格力空调的渠道护城河;2000多名销售人员控制1.6万个分销商及50多万个终端,助力海天味业成为行业霸主。

创业初期,中小企业采用单纯的经销(代理)制是不得已的选择。进入成长期、成熟期的企业,应该越来越重视强化控制的直营制。

真正基业长青的大企业、大品牌，一般会选择直营制与经销（代理）制的结合，只不过不同区域、不同产品的直营制与经销（代理）制的比例不同而已。

餐饮、教育等生活服务业，不存在经销（代理）问题，但面临同样的困惑：直营制还是加盟制？两者以何种比例存在？

不同时期、不同资源、不同行业，基于渠道控制性与经济性的权衡，如何制定直营、经销（代理）渠道策略？这非常考验营销高层、销售渠道管理者的功力！

> **特别提示**
>
> 本节内容营销中高层 / 渠道销售人员适用，精神文化 / 网络企业不适用

独家经销还是多家分销？这是个难题

这是短渠道的电商时代，一些网络品牌一店开天下，没有独家还是多家分销的难题。优衣库、迪卡侬等品牌在全球线下、线上渠道都是直营，无须考虑分销问题。

当然，新闻信息、内容创意等精神文化产业，教育、餐饮、住宿等生活服务业，基于互联网、智能手机的网站、App、小程序等新经济产业，还有许多资源型、研发型企业，都不必重视分销渠道策略问题，因为渠道建设无必要或者比较简单。

但是，绝大多数与衣食住行相关的 B2C、B2B 实体企业，受限于产品特征、资源与能力，在很难全面直营、直销的现实条件下，不可能不重视经销商的人脉、资金等资源，

更多的是采用独家或多家经销（代理）制渠道策略模式。

站在企业的角度，最好是多家分销，各个分销商各有各的销售渠道和目标客户群，从而达到广覆盖的目的。站在经销商的角度，最好是独家经销（代理），对所辖区域有独家定价权和销售权，从而实现渠道商利益最大化。

这是厂商双方长期博弈的过程，企业的独家经销或多家分销渠道决策需要考虑多方面因素。

如果你是强势的大企业、大品牌，你的产品需要广覆盖，就应优先考虑多家分销策略。愿意经销或代理大品牌的经销商很多。销售人员只需优选几家经销商为合作伙伴，日常工作的重点之一是，对各个经销商之间的库存、价格等随时进行监督管理，防止相互冲货、窜货、压价等渠道冲突。

如果你是弱小的小企业、小品牌，与经销商谈判博弈几乎无发言权，只能给经销商独家经销（代理）权。经销商若能利用其当地各项资源尽力销售你的产品，不提出苛刻的支付条件、市场支持条件，就烧高香了。对于经销商自身的库存管理、价格管理，你也只能听之任之。

可大多数企业都是不大不小、不强不弱，做出独家或多家经销、代理的决策很艰难。

店大容易欺客，客大容易欺店。

多家经销（代理），产品覆盖广，但管理内容繁杂，渠道之间易起冲突，渠道商的销售积极性不高。独家经销

（代理），经销商的销售积极性高，但产品覆盖有限，渠道独家垄断售价过高，企业销售人员难以管理掌控。

对多数企业而言，是独家还是多家经销（代理），没有绝对的、统一的标准，应该因时、因地、因客户而异。

理想中，兼顾厂商双方利益，选用小区域范围内的独家经销（代理），是相对折中的方案。比如市级、县级独家经销（代理）制，站在省级市场角度各区域就是多家经销（代理）制。

若是实力较强的品牌商，在省市特定区域内，动态轮换独家、多家经销（代理）制，也是值得考虑的方案。可以先采用独家经销（代理）制，经销商若肆意妄为，轻视厂方的价格、分销、市场策略，则下一年度采用多家经销（代理）制；若因此而造成渠道冲突严重，下下年度可再采用独家经销（代理）制。这样一来，区域市场的主动权永远掌握在品牌商手中，只是时间跨度长一点，厂家销售人员的管理难度大一些。

独家还是多家经销（代理）？两者只能反复权衡利弊再二选一，没有完美的答案，没有最优的策略，这就是现实。

对多数无法直营或直营比例较低的实体企业而言，在特定区域、特定时期内的独家还是多家分销决策，真的很难、很纠结。各位营销部门高层、区域销售经理，你的决策要慎重再慎重。

营销外功之传播策略

> **特别提示**
>
> 本节内容各行各业都适用,尤其适用于营销策划人员

新媒体时代:精准营销、电商直播等各类推广策略大趋势

市场推广策略,即企业与客户的各类沟通手段:广告是企业单方面的强行灌输,公关是润物细无声的"洗脑",促销(营业推广)是立竿见影的现场诱惑,推销则是面对面的游说。

不同时代、不同行业、不同企业的市场推广策略,不外乎广告、公关、促销(营业推广)、推销这四大类推

广手段内部权重及相互之间权重的变化，以及创意的与时俱进。

广告方面，传统的电视广告大势已去，传统的报纸、杂志广告更是日薄西山，只有广播广告因为家庭轿车的普及还能维持昔日的地位。基于互联网、移动互联网的新媒体广告仍在相对高速地成长。全球范围内，广告主对新媒体广告的投放占比早已超越昔日霸主——传统的电视广告。

成长中的新媒体广告也已分化：计算机端网页广告增长停滞，智能手机广告持续高速增长，如移动搜索广告、社交植入广告、网综原生广告、App开屏广告、网红直播广告、影视映前广告等，都在增长中。

新媒体时代，营销人不仅要重视可按展示次数、点击次数、转化率、销售效果等提成且品效合一的新媒体广告，还要重视新闻报道、发布会、路演、公开讲座、公益赞助等公关活动，重视"两微一抖"（微博、微信、抖音）公众号、百家号、企鹅号、大鱼号以及知乎、百度贴吧、雪球等平台的信息发布与管理，因为新媒体时代是受众互动的时代，是顾客拥有发言权的时代，是"粉丝至上"的时代。

品牌知名度、美誉度、忠诚度的提升，基于新媒体的各类公关活动更加重要。经营粉丝社群，是新媒体营销人的新使命。

借势与造势，以小博大的事件营销，在网络时代更加重要。如何让媒体争相报道企业、品牌，这需要营销人的顶级策划。

这是口碑至上的时代，如何实施口碑营销，利用重度顾客、意见领袖进行"营销传播"，这是营销人的至高追求；这也是异业合作推广越来越流行的时代。广告效果越来越差，流量获取越来越难，有共同目标顾客群、相互引流、资源互换、门当户对的异业商家合作推广将备受重视。

这是公关第一、广告没落的时代；这也是促销（营业推广）更受重视的时代。

竞争更激烈，销售任务更重，这些买赠、特价、特卖、优惠券等能立竿见影起作用的促销活动当然更受营销人的欢迎。特别是在淘宝、天猫、京东、拼多多等电商平台销售的商家们：顾客离店仅需1秒钟，没有诱惑力的促销活动怎能留得住顾客？

一年365天，什么双11，双12，618，新年礼，节日庆，周年庆……商家名目繁多的促销活动占了300天，也不要奇怪！

"亲们，帮我点个赞"，"亲们，帮我投个票"……类似这样的集赞、投票有奖活动，在朋友圈里、微信群里刷屏，这是网络时代立竿见影的拉粉丝聚流量的促销手段。

面对面销售永不过时。无论时代如何演变,对于B2B企业还有B2C微商而言,都一定是以一对一推销为主(面对面或者手机屏幕一对一),辅以展会、会销、讲座、渠道激励等,各类媒体广告投入永远处于末位,甚至没有一分钱的广告预算。

一对一面对面推销,一对多的现场订货会,多对多的展销会,这些销售方式很传统,但不会消失。

隔着屏幕的一对多面对面推销——电商直播,这一诞生于移动互联网时代的新销售模式,引领着新电商时代,其生命力可能将超过我们的想象。

电商直播提供给顾客远距离的临场感+直播大V的信任背书,特别容易引发顾客冲动性、即时性购买。顾客实时交流参与互动,商家可实时根据顾客反馈重点推荐商品优化销售话术,这是电视购物的网络版、升级版。如火如荼的电商直播以及短视频录播,适合美妆、服装、食品等顾客容易决策的商品类目,也适合珠宝首饰、花卉绿植等顾客眼见为实的非标品类目。顾客一旦习惯了视频购物就很难回到图文购物时代了。随着5G移动科技时代来临,电商直播的广度及深度仍将拓展。未来,每个线下店铺的店员都可能会直播卖货。无论品牌传播还是销售走量,电商直播将是许多B2C企业产品市场推广方面的标配策略。

对多数 B2C 企业而言，媒体广告（重点是新媒体广告）、公关活动仍是市场推广策略的重中之重，促销活动也不可忽视，而一对一推销、订货会、展销会等相对次要，因为 ToC 企业的顾客成千上万，企业的成功必须依赖传播导向的品牌认知战！一对一推销效率太低，订货会、展销会仅能影响中间渠道的客户，却无法直接影响海量顾客。

B2B 企业应该重视的则是会展会议推广，是一对一销售，广告、公关、促销等策略则不重要。

新媒体时代，顾客的购买行为、消费心理、信息接收均不同以往，营销人（营销高层、营销策划人员）应审时度势，与时俱进，精细化、系统化地灵活运用各类市场推广策略。

顾客的注意力在哪儿，企业的营销推广着力点就应该在哪儿！

那个靠电视广告轰炸一夜成名的时代，已经一去不复返了。

> **特别提示**
>
> 本节内容各行各业都适用，尤其适用于营销策划人员

新媒体营销传播：系统推进还是单点突破？

什么是新媒体？这没有明确的定义。100年前广播/报纸是新媒体；50年前，电视是新媒体；现在，移动互联网、智能手机是新媒体。将来应该还会有更新的新媒体，让我们拭目以待！

在几十年前电视为新媒体的时代，宝洁、可口可乐、娃哈哈、欧莱雅等消费品企业的电视广告狂轰滥炸，成为行业霸主。

但是，当碎片化、多元化、互动性的网络时代与智能手机新媒体时代来临时，这些曾经训练有素、百战百胜的巨头们似乎乱了阵营。怎么利用新媒体进行市场推广？巨头们开始迷茫。

新媒体传播时代，是去中心化时代，是大数据背景下的精细化传播时代，是受众反客为主的时代。

系统推进，精细化整合营销传播，是那些营销经费充足的消费品生产巨头们进行新媒体市场推广的不二选择。

1. **多种新媒体组合投放。**适合营销传播的新媒体主流平台包括：百度、微博、微信（公众号、朋友圈、微信群）、短视频（抖音、快手）、直播平台（淘宝直播）、问答平台（知乎、贴吧）、视频网站（爱奇艺、腾讯视频、优酷）、新闻App（今日头条、新浪、趣头条）等，在此基础上有无穷尽的投放组合。比如爱奇艺、腾讯、优酷等网站的视频广告硬投放，一线网综冠名＋软、硬广＋口播＋道具植入，百度＋阿里巴巴＋腾讯广告联盟图文＋视频广告投放，微博/微信的硬广＋软文推广等。

2. **多个细分人群精准投放。**因为互联网与大数据，根据客户的历史消费记录可推演出其将来可能的购买行为。新媒体网络广告可实现按年龄、性别、收入、职业、学历、兴趣爱好、消费次数、消费数量等实施人群定向投放，理论上可以为每个人定制广告，真正做到了千人千面。

同一时间，同一页面，你我看到是不同广告，对此不要惊讶。

3. **多种新媒体广告付费组合。**传统广告只能按展示次数收费，即众人皆知的CPM（每千人成本）付费。新媒体广告需要CPM广告，更需要CPC（每千人点击）及CPS（每千人销售）广告，CPC及CPS广告更精准，广告效果更加可控、可测。

4．多类型公关活动组合推进。门户网站＋企业自媒体（两微一抖）＋行业网站等网络新媒体新闻报道，事件营销与口碑营销并用，KOL（关键意见领袖）发文，策划实施网民有参与感的话题、促销活动，等等。

重视与KOL的关系，每个KOL的背后都有无数个粉丝，偶像的榜样力量和推荐力量是无穷的。要重视网络粉丝的口碑评价，特别要重视粉丝们的负口碑评价。好事不出门，坏事传千里，一秒转发朋友圈的网络时代更加麻烦。

负口碑传播管理是新媒体时代各知名企业超级重视的新命题，由此诞生了不少以删帖、删文为主的公关公司。只要网络存在，这类公关公司也许会一直存在。

知名企业既要正面系统性、全方位、精细化地进行新媒体营销传播，又要防止网民负口碑传播，两手都要抓，两手都要硬，其复杂性和难度远超过去电视广告为王的传统媒体时代。

但对B2B企业、中小型B2C企业而言，在细分化、精准化的新媒体时代，营销传播反而更简单、更有效。

B2B 及中小型 B2C 企业的产品知名度低，大众不熟悉，网民们参与感低，关注度低，新闻价值低，即便有零星的负口碑，转发率低，一般也不会引发大规模传播，企业不必为可能的品牌危机草木皆兵。

B2B 及中小型 B2C 企业，也不必进行系统性、全方位新媒体营销传播，因为顾客数量有限，营销经费有限，营销传播能力也有限。

聚焦专注、进行单点突破，这应该是 B2B 及中小型 B2C 企业新媒体营销传播的策略原则。

B2B 企业的客户数量少，购买行为比较理性，采购金额比较大，采购决策相对慎重，企业需要与顾客较长时间地接触沟通，才可能达成交易。故其线上的新媒体营销传播以信息告知为主，可投放至按 CPC 付费的百度/谷歌等搜索引擎竞价排名广告以及阿里巴巴 B2B 站内竞价排名广告，辅以行业内新闻报道+KOL 口碑推荐等公关传播手段。

中小型 B2C 企业，因品牌影响力有限，网络营销经费有限，应战略性放弃 CPM 付费形式以树品牌为目的的各类新媒体广告，转而战略性地聚焦于 CPC，特别是 CPS 付费的销售导向品效合一的新媒体广告及促销活动，单点突破。如电商平台内的竞价排名广告，淘宝客、阿里妈妈的广告以及抖音短视频等 CPS 广告，电商平台内外各类引流的特价、买赠等促销活动。

中小型 B2C 企业通过聚焦于品效合一的新媒体营销传播获得第一桶金，建立根据地后，就需要研究品牌导向的系统性、全方位新媒体营销传播策略。

网络原创坚果第一品牌三只松鼠，从小到大，从淘宝站内销售导向单点突破，到系统性、全方位品牌导向的新媒体传播，整个过程均值得我们营销人（营销高层、营销策划人员）学习、借鉴。

> **特别提示**
> 本节内容各行各业都适用,尤其适用于营销策划人员

新媒体广告两大关键词:精准与互动

新媒体广告,与传统的一对多单向传播的电视、报纸、户外广告牌等视频广告、平面广告有本质的不同。

新媒体广告所具有的精准及互动两大特征,是对传统广告的降维打击,传统广告望尘莫及。这两大特征在企业营销中均发挥着极其重要的作用。

精准投放让新媒体广告事半功倍。营销的本质是满足目标顾客的需求,前提是要知道目标顾客是谁,并有效地与之接触、沟通。传统广告只能依赖传统媒体本身的受众特征,广告主可以选择投放媒体,但不能选择该媒体的受众。"我知道广告费浪费了一半,但不知浪费的是哪一半。"这是传统广告的无奈。

新媒体广告则不然。新媒体公司拥有上网人群的大数据，包括其所在位置、性别、年龄等人口学特征，消费行为及心理特征，并且技术上可实现一对一精准投放，真正实现千人千面，理论上可避免任何一分钱的广告浪费，这对传统媒体而言根本无法想象。

根据新媒体属性的不同，新媒体广告的精准投放可分为以下五大类。

1. 购物、消费平台内的广告精准投放。如淘宝、天猫、京东、拼多多等平台里的直通车、钻展等，适合消费品品牌促销类的广告投放；如美团、饿了么、大众点评里的广告，适用于餐饮、美容等生活服务业的广告投放。这类购买点广告投放即时、精准、转化率高，效果显著。

2. 搜索引擎关键字广告。以百度、谷歌为代表的关键字竞价排名广告能够精准匹配潜在顾客的精准需求。搜索引擎广告本质上解决的是供需双方的信息不对称问题，其适用于 B2B 企业、医疗教育等产业的信息类广告精准投放，但不太适用于 B2C 消费品企业。谷歌、百度两大搜索引擎的广告年收入分别高达数百亿美元、数百亿人民币，分别是全球和中国最大的新媒体广告媒体公司。

3 微信、微博等社交平台及抖音短视频平台内的广告精准投放。以微信的朋友圈广告（广点通）为典型，通过分析朋友圈里的发文、关注，广点通平台能够精准界定微信使用者的兴趣、爱好、消费行为等,这适用于 B2C 消费品、服务业里的品牌形象类、告知类、促销类广告的投放。

4. 网络新闻媒体精准广告投放。以今日头条、新浪站内广告为代表。这些基于大数据的网站媒体既然能推送你所感兴趣的新闻信息,当然也能推送你所需要的产品、服务的广告信息。

5. 社群内广告精准投放。微信群、QQ 群、贴吧等网络社群是各类兴趣、爱好、价值观等同好者的云集地,投其所好,精准推送这些同好者真正所需的产品、服务,自然能事半功倍。

不仅人群精准、广告精准,新媒体广告还可以做到广告创意精准。同一品牌的产品,我们每个人看到的广告诉求是可以不一样的,广告因你而来,因你而变。

这些新媒体精准广告,在技术上早已实现了程序化、自动化投放,只要广告主输入目标顾客的人口、心理、行为特征,阿里妈妈联盟、百度联盟、广点通以及众多的第三方新媒体广告联盟平台,就会精准匹配相应的网站进行精准投放。

新媒体广告的另一个关键词是"互动"。

仅仅广告展示精准是远远不够的,新媒体广告还能够知道广告受众的互动反馈。对于这一巨大优势,单向传播的传统媒体望尘莫及。

受众的互动反馈分三个层次。

1. **点击**。看到广告迅速产生兴趣甚至迅速下单，短时间内见效，电商平台内的商家尤其看中广告的点击率及销售转化率。而搜索平台、社交平台、网络新闻媒体里的广告更看中点击率这一指标。

2. **点评**。看到商家的广告或使用了商家的产品、服务，顾客往往还会进行点评。正面的点评越多，表明顾客越认可商家的产品与服务，越有利于商家的销售。若有负面的点评，商家应高度重视，一方面引以为戒，改进产品与服务；另一方面则要将负面点评信息的影响降至最低限度，该删帖的删帖，若实在无法删除，则应该用更多的正面点评去覆盖负面点评。

3. **分享**。碰到好的产品和好的广告软文，顾客会主动转发链接给有需求的亲朋好友或拍照发至朋友圈。许多网红商品能一夜爆红，主要原因就在于顾客体验感知后的一键转发，实现病毒式口碑传播。

基于互联网的新媒体广告已经高速发展了数年，未来仍将高速发展，因为对各行各业的广告主、营销人而言，新媒体广告的两大核心关键词，同时也是两大优势——"精准"与"互动"，其诱惑根本无法抵挡。

> **特别提示**
> 本节内容适用于营销策划人员/B2C行业，B2B行业不适用

借势与造势，网络时代的事件营销

这是一键转发、一夜之间天下皆知的网络时代，这是传统硬广告的性价比已跌入低谷的时代，这更是考验营销广告人策划智慧的时代。

相比于以往的电视广告野蛮轰炸时代，在网络时代，以小博大的事件营销更加重要。

事件营销（Event Marketing）是指企业通过策划、组织和利用具有新闻价值的事件，把握传播规律，吸引多方媒体、社会团体和消费者的兴趣与关注，以求提升品牌的知名度、美誉度，最终实现产品或服务的销售。

事件营销，集新闻效应、广告效应、公共关系、形象

传播、客户关系于一体，是网络时代国内外十分流行的一种公关传播与市场推广手段。

主流的工商管课程，如 MBA、EMBA 等，以及常见的市场营销课程均重视事件营销理论方法及相关案例的传授与介绍。

事件营销包括借势营销和造势营销两个层面。

借势营销，俗称"蹭热点"，即借社会热点事件，通过移花接木、借力打力的手法，将企业产品与热点事件紧密联系起来，吸引各路媒体前来报道，从而吸引目标顾客的注意并引起讨论。

只要有利于促进销售，有利于扩大企业品牌知名度和美誉度的社会热点，营销策划人员就应随机应变、果断借势。切记：借势营销的第一要义是反应时间越短越好，一定要当机立断、迅速跟进。很多热点事件一闪而逝！营销高层应授权策划人员，以免贻误商机。

常规的、可预计的社会热点包括春节、情人节、儿童节、中秋节、国庆节、元旦等节假日，也包括奥运会、世界杯等大型活动。不可预计的社会热点包括：政策法规颁布、娱乐事件、新品发布等，包罗万象、无穷无尽。建议营销策划人员每天浏览"百度热榜""微博热搜""微信看一看"，随时思考热点事件与企业产品的关联点，随时借势，及时创意。

只要有对新闻事件的敏感性，只要熟悉本企业产品的属性、定位、客户群，借势营销策划就相对容易。更难的是——造势营销，你要策划和创造出与产品品牌密切相关的且能被广泛传播的新闻事件，这并不容易。

创造新闻，必须深刻领悟哪些事件可以成为新闻，以及新闻价值的大小由哪些要素决定。

新闻价值由以下四要素决定，这些要素包含得越多，新闻价值就越大，事件营销成功的概率也越大。

新闻价值的四要素包括：重要性、接近性、显著性及趣味性。

1. 重要性

重要性指事件内容的重要程度。判断内容重要与否，主要看其对社会产生影响的程度。一般来说，对越多的人产生越大的影响，新闻价值就越大，如人人关心的健康、安全事件。

2. 接近性

越是心理上、利益上和地理上与受众接近或相关的事件，新闻价值越大。例如，心理接近会受到职业、年龄、性别等因素的影响。一般人对自己的出生地、居住地和曾经给自己留下过美好记忆的地方总怀有一种特殊的依恋之情。

3. 显著性

人物、企业、地点越是著名，新闻价值就越大。国家元首、政府要员、知名人士、知名品牌，历史名城、古迹胜地往往都是新闻出处。我们每天所见所听的新闻绝大部分与显著性相关，例如微博热搜、百度热搜，不是明星、名人就是著名企业的新闻。

4. 趣味性

大多数受众都对新奇性、反常性和具有争议性的事情比较感兴趣。人类天生就有好奇心，也可以称之为"新闻欲"的本能。

新闻事件的价值最终由以上四要素的加权总和决定，事件同时具备的要素越多、越全，新闻价值就越大，自然就会成为各新闻媒体竞相追逐的对象。

知名大企业容易出新闻，华为、阿里巴巴、苹果的一举一动都可能成为新闻事件，比如苹果的新品上市发布会能够引发全球科技媒体和财经媒体的狂欢，各媒体的广泛报道相当于给苹果公司节约了巨额广告费。甚至连知名企业家的一言一行也可以成为新闻事件，比如马云每一次在重大场合的公开演讲（比如新零售、新制造概念的提出）都能够引发财经类、生活类媒体的跟进报道，引领舆论潮流。

但是对最需要媒体报道的小企业、小品牌而言，要策划并引发新闻事件，却非常不容易，因为其明显不具备新闻显著性这一重要特征。

小企业只能依赖事件的接近性、新奇性和反常性，不要贪大求全，而要利用自身所在地的客户群心理接近性，利用地方媒体人脉，努力让事件成为地方新闻，建立根据地，再图未来发展。

新奇性、反常性、争议性是事件营销的真正重点，也是事件传播的真正引爆点，能真正考验营销人的策划与创意能力，对无显著性价值的 B2C 小企业而言尤为重要。

具有新功能、新款式等新奇特点的产品及服务，反逻辑、反习惯、反认知等反常识行为，这些都是新闻报道的噱头和事件营销的引爆点。要策划出四两拨千斤的营销事件，需要有新闻敏感性和策划创意力，一般营销策划人员根本难以胜任。

B2B 小企业及 B2C 小众品牌，因产品非大众所熟悉，所以更难策划出大众化新闻事件。若内容具有新奇性、反常性和争议性，事件若能在行业专业媒体和特定社群里精准传播，就已是很大的成功。

网络时代，营销人都希望能策划出经典的、一夜爆红的营销事件，然而希望仅是希望，现实十分残酷，每年的经典事件营销案例没几个，小企业、小品牌的经典营销事件则几乎没有。

关于大企业、大品牌的借势与造势营销，海尔及杜蕾斯这两大品牌的新媒体营销团队的策划相当不错，它们的官方微博里都有详细记录，留下了不少经典的网络事件营销案例，值得我们营销人（营销高层、营销策划人员）学习。

> **特别提示**
>
> 本节内容各行各业都适用,所有营销人都适用

口碑营销的关键:KOL 传播

口碑很古老,在没有文字的上古时代,人们口口相传,留下了很多历史经典。

口碑也很现代,鼠标点击,触屏转发,人们不用口,仅动动手指,毫秒之间,口碑便传播千万里。

无论社会如何进步,人们都有沟通、交流、分享、自我表现等本能的需求,口碑传播一定永恒存在。

微信朋友圈、微信群转发与评论,淘宝、京东、美团等电商平台上消费后的点评,豆瓣、猫眼、淘票票里的评价与打分,一切皆口碑。

亲朋之间口口相传的口碑一闪而逝,影响尚相对有限,

而针对不特定人群的网络口碑永久留痕,影响时间长且范围极大。

口碑本身还具有高信任度、低成本的基本特征。

利用口碑进行"病毒式营销",是营销传播策略的标配;成就口碑营销的经典,是营销人不变的追求。

对企业而言,无论过去、现在还是将来,口碑营销传播都很重要,而且越来越重要。

那究竟如何策划并组织实施口碑营销呢?以下五大要点必不可少,其中 KOL 传播是关键中的关键。

1. 优质的产品和服务是实施口碑营销的前提条件。

有好产品才有好口碑,这是常识。如果产品、服务有缺陷,那千万不要实施口碑营销,希望越大,失望越大;如果产品、服务无优点、无痛点、无亮点,建议也不要实施口碑营销,因为巧妇难为无米之炊。

商品类,功能、款式、原材料、制造工艺……皆可成亮点;服务类,地理位置、装修环境、员工形象、言行举止、额外服务,皆可成亮点;文化产品类,作者、内容情节、编导、演员,皆可成亮点。如果什么亮点都找不到,就再找找创始人、管理层的经历、经验、能力等亮点。如果仍找不到,那一定是平庸的甚至是品质有缺陷的产品与服务,建议不要妄想口碑爆棚,即便有口碑,也只能是负口碑,还是先静下心来做好产品和内容吧。

2. 精准锁定目标顾客、受众。一切口碑营销活动均围绕目标顾客展开。优质的产品与服务是针对目标顾客而言的,目标顾客的好口碑才是营销的至上目标。同样的产品与服务,对非目标顾客而言,可能不会是好产品、好服务,也就不会有好口碑。

青菜萝卜各有所爱,也各有所恶,臭豆腐、皮蛋是某些人的最爱,却可能是另外一些人讨厌的食品。麦当劳、肯德基是小孩子的最爱,注重健康养生的中老年人却唯恐避之不及。好莱坞大片很多年轻人看了连呼过瘾,一些过慢生活的中老年人看了评价却并不高……

有电影业界人士总结过:"如果吸引进电影院的第一批观众并不是电影的核心受众,不是喜欢这个内容并会为它说好话的那批人,就很容易导致负面口碑出现。由于这种目标顾客的'错配'而损失掉的市场总票房高达 30%。"

实施口碑营销,一定要克制贪大求全的欲望,一切产品、服务和传播都要终极聚焦于目标顾客。目标顾客感觉好,才是真的好,才有好口碑。非目标顾客,应坚决舍弃。

3. 搞定 KOL(关键意见领袖),是口碑营销关键中的关键。KOL 是指对特定人群的购买行为有较大影响力的人,KOL 既是营销学又是传播学中的重要概念。

KOL 分为两大类，一类为特定行业领域内的专家、学者、达人（资深用户）。这类 KOL 长期关注产品，容易接受新事物，有权威影响力，但其所影响的人群相对有限。另一类 KOL 为明星、名人（包括网红）、自媒体人，这类 KOL 粉丝众多，影响人群广泛，但不太关心具体的企业产品。

这两大类 KOL 各有所长，共同特征是都备受特定人群的信任。企业必须想方设法地拉拢这两类 KOL，让他们有意无意地成为第一级口碑传播使者，引发裂变。通过 KOL 的忠诚粉丝及粉丝的交叉传播，引发第二级、第三级至更多级的口碑传播，从而让相关信息发生病毒式扩散。

第一类 KOL 数量有限，专家学者们身上商业气息不浓，只要产品好，他们就乐于主动评价、主动分享观点（尤其是行业达人，其本人可能就是你的客户，更可能乐于分享）。但鉴于专家学者影响的人群有限，营销策划、公关传播人员应主动利用各类传播渠道来扩散他们的相关口碑信息。

第二类 KOL 数量多，且影响颇大。我们应精选可能合作的明星、名人和自媒体人。这类 KOL 产品类发言谨慎，很少有自发性口碑，多数是商业性口碑推荐合作，营销公关人应主动为其写好相关信息。

现在是 KOL 口碑至上的信息社会，搞定了 KOL 口碑，口碑营销就成功了一大半。

4. 配套营销传播策略的跟进实施。 KOL 口碑推荐的确是企业口碑营销策略的重头戏，但仅仅靠 KOL 口碑还远远不够，还需要常规广告、促销、公关活动等各类营销推广手段的同步跟进配合。特别要重视权威媒体的新闻报道及专业评论，与口口相传、一键转发的口碑传播遥相呼应、相得益彰。

5. 正口碑的强化运用与负口碑的弱化管理。 专家、学者、明星、名人的正口碑即为产品的权威宣传，应尽可能成为营销人员文案策划、广告创意/新闻报道的素材，将 KOL 意见领袖们的正口碑价值发挥到极致。网络贴吧论坛、电商平台商品购后点评，水军刷帖层出不穷，其道德性尚有争议，但对口碑营销的强化传播作用不可忽视。

因各种原因产生的负口碑（包括竞争对手的抹黑，某些媒体的敲诈等），应尽一切可能第一时间扼杀，防患于未然。网络里的负口碑言论，应尽量删帖；实在删除不了，可以用大量正口碑言论大面积覆盖，降低负口碑信息的目标顾客接触率，缩小负口碑的影响面。

口碑营销传播，相对于广告、公关、事件营销等市场推广手段，行业、产品的适用面很广。

B2B 企业营销、采购、招投标决策，专家、学者

KOL 的口碑推荐，意味着权威和理性，很大程度上影响着相关评委和决策人员的态度。

B2C 企业、KOL 及顾客的好口碑，是企业持续发展的基础条件。以小博大的口碑营销手段，是每个 B2C 企业的优先级策略。和我们日常衣食住行、玩乐教用等相关的行业，绝大部分都需要口碑营销策略。只有那些消费者关注度低的、低价值的商品，比如拖鞋、袜子，企业的口碑营销策略才不太重要，因为 KOL、目标顾客都懒得进行口碑传播。

电影、电视剧、综艺节目、小说等内容产品，景点、主题公园、演出等体验类商品，KOL 及顾客们会自发评价，进行口碑传播，提供这些类型产品或服务的企业的口碑营销策略尤其重要。企业应该重视引导性口碑 + 自发性口碑传播双管齐下，并将之上升到营销传播战略的高度。

在人人皆媒体、人人皆网络社交的社会，口碑营销，特别是网络口碑营销传播，其重要性怎么强调都不过分！

> **特别提示**
>
> 本节内容各行各业都适用，B2C、B2B 行业的营销策划人员尤其适用

组建、分析、推广：数据库营销三部曲

网络时代，一切皆数据。文字、视频、音频是数据，我们浏览的网页、时长、浏览者所在位置也是数据。

在一切皆数据的时代，只要我们离不开手机和网络，我们的消费心理及行为就几乎无隐私可言，逃无可逃。

淘宝、抖音、百度等网站都因我们的浏览而进行了大数据即时计算，千人千面，精准推送相关信息、广告，这就是数据库精准营销的力量！

基于庞大的数据库，精准投放的网络广告高速成长，成就了淘宝、抖音这些大企业，也成就了阿里妈妈、百度联盟等第三方网络广告巨无霸平台。

对甲方企业营销人而言,网络广告联盟固然要投放、要利用,但不能太依靠这些网络广告进行推广。事实上,网络广告存在数据库黑洞、虚假刷单点击等问题,而且问题很严重,尚未解决。

数据库营销,命运要由企业自己来掌握,由己不由天,不能依赖第三方。

数据库营销就是企业自身通过收集和积累顾客信息,经过分析筛选后,针对性地使用电子邮件、短信、电话、信件、网络广告等方式与目标客户交流沟通的营销方式。或者说,数据库营销就是以与顾客建立一对一的互动沟通关系为目标,并依赖庞大的顾客信息库进行短期、中期、长期促销活动的一种全新的营销手段。

从大众营销到如今分众营销的时代,顾客数据库的重要意义已无须赘言。

以前,计算机、手机未普及,企业组建顾客数据库并进行推广的技术难度高、费用大,数据库营销的确如海市蜃楼般可望而不可即。而今,事因时移,科技一日千里,顾客数据库的组建维护、数据分析及营销推广,不仅在技术上非常容易,而且费用也在大多数企业的可承受范围之内。

那到底如何利用数据库进行营销推广呢?组建、分析、策略推广,此为数据库营销推广三部曲,环环相扣,缺一不可!

1. 组建有效顾客数据库

组建顾客数据库,这是数据库推广基础中的基础,看一家企业对数据库营销的重视程度,首先看该企业如何收集和甄别顾客数据,以及如何管理和维护数据库。

收集:这是力求面广的过程。ToC 企业尽一切可能地收集众多顾客的众多信息,如年龄、性别、职业、收入、学历、爱好、性格、习惯、价值观、联系方式、消费频次、消费金额、消费日期等,总之多多益善;ToB 企业的顾客数量少,收集顾客资料相对简单,应包括行业、规模、地点、决策模式、相关决策人员的联系方式、兴趣爱好、行为习惯等信息。

企业应动用所有可利用的资源收集顾客信息,当然必须在合法前提下,不能侵犯顾客的隐私权。

甄别:这是力求精的过程。一方面,各种途径收集上来的顾客资料不一定都是真实的,企业应该安排人手通过电话、邮件,复核书面或电子合同等,全面检查顾客资料的真实性及合法性,不真实的、不合法的必须删除。另一方面,更重要的是企业的资源有限,不可能满足所有顾客的需求,只能重点照顾目标顾客的需求。针对收集上来的顾客资料，企业要根据事先锁定的目标顾客的生理、心理、行为特征等条件进行筛选、分类，不符合目标顾客条件的信息，该舍弃的就舍弃；还要根据与目标顾客锁定条件的吻合度，将搜集到的顾客资料加以分类，比如进行 ABC（帕累托分析）法或 RFM（Recency, Frequency, Monetary；最近一次消费、消费频率、消费金额）法分类。

对每一个顾客类别及其重要性的精确界定，这一甄别环节不可或缺，每一位顾客的背后，都有企业针对性的推广投入。而不同顾客的重要性及类别的甄别、归类，会直接影响到以后各种推广沟通费用的浪费比例、销售的成功率，以及终极营销效能的高低。

数据管理需经常维护和更新数据库，企业需要拥有一套先进的 CRM 软件系统，方便对大量顾客资料进行录入、导出、查询、筛选及经常更新。一些企业一时头脑发热，想开展数据库营销，结果好不容易合理、合法地获得了一些顾客资料后就没有了下文，不去做系统的维护和更新，虎头蛇尾，实在是浪费资源。

2. 深入分析数据库

CRM 软件一般只提供数据录入、查询、更新等基本数据管理功能，没有基于数据库的各类分析功能。没有分析功能的数据库,就好比守着一座金矿而不知道如何挖掘,这要如何发挥数据库应有的价值与作用?

一方面,企业要寻找和开发合适的数据分析软件,让数据说话。优秀的数据分析软件不仅有一些基本的数据处理、挖掘功能,还具备界面生动、简单易学、反应快速等特性,而且具有预警、预测等高级功能。

另一方面,企业必须拥有懂数据分析,更懂营销的高级复合型人才,只有这样的人才才能在客观且冷冰冰的数据与复杂多变的顾客需求、形式多样的营销策略之间建立桥梁。

普通的数据分析包括趋势分析(了解过去),比重分析(判断轻重缓急的依据)等,相对高级的数据分析包括回归分析、交叉分析等。特别是交叉分析,在营销业界被广泛地运用。如分析顾客收入与需求、年龄与需求、职业与需求、性别与需求、学历与需求之间的关系等。

更高级的数据分析是深度挖掘发现型分析,包括因子分析、差异分析、聚类分析等。

数据库中,年龄、性别、职业之类的顾客特征比较容易获取,难的是顾客群体的心理特征。特别是 ToC 企业,面对千千万万的顾客,如何判断他(她)是价格敏感型的、追求情调的、热爱运动的,还是注重健康的?

我们只有通过数据挖掘技术进行大量的分析归纳，才可能寻找出以不同价值观、不同心理偏好为区分维度的顾客群。比如在零售业，分析顾客的购物车清单，假设清单中 80% 的商品都是特价商品，我们就可以将其纳入价格敏感人群；追踪顾客的购买历史数据，发现某顾客常常购买有机食品、运动装备、保健品等，我们就视之属于注重健康一族。

这种基于共同心理特征的数据深度挖掘分析，被越来越多拥有大数据的网络企业、零售企业所重视和应用。

当然，ToB 企业的顾客数量少、数据少，数据分析相对简单许多。

3. 基于数据分析的推广

通过数据分析找出各种顾客群，并找出各种影响购买行为的因素，更重要的，我们必须根据严谨的数据分析来有针对性地采用各种推广策略，最终达到维护顾客忠诚、拉拢新顾客、提升品牌、促进消费等各种目的。如果数据库的收集和维护不是为了市场推广，那何必费时、费心、费钱地建数据库呢？

首先，对目标顾客进行再分类。 考虑到时间、沟通费用等成本代价，特别是对具有海量顾客群的企业而言，如电信、银行、零售业等,真正一对一定制个性化推广策略并不现实。数据库营销推广只能无限靠近一对一个性化推广。淘宝平台根据海量数据,将亿万顾客划分为年轻学生、家庭主妇以及注重健康的、爱好运动的、实惠的、有情调的、忠诚的等2000多个顾客群标签类别。

不过,对一些仅有小群体顾客的餐饮、美业等生活服务性企业而言,只需根据特定维度划分出A、B、C类客户群即可。

其次,对不同顾客实施不同的推广、沟通策略。不同的顾客群有不同的购买心理及行为,我们应该根据他们不同的心理和行为设计不同的推广、沟通策略。例如:

在零售业,对实惠型的顾客群推送特价、特别优惠券,给重视健康的人群寄送新到的有机食品的样品,对刚有宝宝的家庭则推送婴幼儿养育相关知识等。

在通信业,对高端商务客户,通过积分奖励计划送培训券、财经书籍等;对打工一族则力推视频流量套餐,开展订套餐送大奖活动;对学生群体则定制网络游戏定向流量套餐、开展视频创作大赛等多种推广策略。

在餐饮业,对老顾客实施忠诚奖励计划,如就餐满五次送一次免费就餐;对游离型、新顾客可开展来就送新菜一份,现场打九折等活动;对注重营养的顾客赠送一些养生之道的书籍；对注重美丽的女士推荐能美容的食品，等等。

只要企业注重数据库营销，重视不同顾客的心理和行为特征，就一定会设计出因人、因群而异的策略，甚至制定出能与顾客互动的各类推广、沟通策略。

你尊重人家，人家也会尊重你、回报你，这些受到持续个性化照顾的顾客一定能成为企业忠实的客户群！

最后，要善用新的推广方式与顾客沟通。传统的促销推广手段（买赠、抽奖、特价等），则应该有针对性地创新运用。

以顾客的生日为例。生日是许多顾客内心渴望被重视的日子，如果在这一天（精确锁定顾客生日的那一天进行推广，这只有开展数据库营销的企业能办到，依赖大众传播的企业只能望洋兴叹）企业能够给予顾客热情的问候以及特别的优惠、特别的服务，是不是更能让顾客感动？

传统的商业信函邮寄已被时代淘汰；短信群发也往往会被顾客所屏蔽；电话沟通虽然永恒，但信息量传递有限且费时费力。

现代信息媒体的发展，为精确的数据库营销推广奠定了基础！

无论定向网络广告投放，定向App通知，定向微信、QQ发送，还是E-mail定向发送，都具有费用低、速度快、命中率高等明显的优势。（特别说明：笔者所强调的 App 通知、E-mail 发送是定向发送给有即时需求或潜在需求的目标顾客，而不是现在社会上到处泛滥的那种 E-mail 垃圾通知，那是骚扰信息。）

简而言之，伴随信息科技的高速发展，数据库的收集、组建和维护管理，数据深度分析软件的应用，微信等网络社交工具等新的沟通平台的普及，数据库推广等技术的障碍已被扫除，且费用越来越低，数据库营销推广活动已成为各行各业的营销标配。

拥有海量客户数据的行业（如线上、线下零售业、保险、电信、银行、航空业等），产品或服务具有高毛利的行业（如定位高端的化妆品、服装，甚至婴儿奶粉等消费品；边际利润高的住宿、餐饮、娱乐、美容等服务业），以及顾客消费金额巨大的家电、汽车、房产业等，还有许多有一定客户数量的 B2B 企业（只有一个或几个客户的 B2B 企业不算），都应该组建并有效利用顾客数据库开展各种各样的推广活动。

对基于数据库的营销推广策略，营销策划人、各位营销高管，你们重视吗？你们准备好了吗？

> **特别提示**
> 本节内容 B2B 行业适用，B2B 行业的营销策划人员尤其适用

B2B 企业，怎样进行营销传播？

B2C 企业多涉及衣食住行、玩乐教用，直接与大众的物质与精神消费相关，顾客数量多且分散，企业重视营销传播无可厚非。

那不与大众直接接触的 B2B（包括 B2G）企业呢？是否也应重视营销传播？那么该如何进行不同于 B2C 企业的营销传播呢？

论及营销，B2C 企业"营"（营销策划与传播）的重要性远大于"销"（批发零售、渠道组建与管理）；而 B2B 企业则相反，"销"的重要性远大于"营"。

必须承认，B2B 企业的营销传播重要性低于 B2C 企业，

但不等于不重要，B2B 企业本身也需要品牌打造。

绝大多数 B2B 企业都有竞争对手和一定的客户数量，要取得客户的信任，赢得客户的心，仅仅进行面对面的、自卖自夸式的推销远远不够，还要有许多营销传播策略及活动支持配合。

参加行业展会，这是 B2B 企业进行营销传播的基础动作。 行业展会是行业内上下游产业链的盛会，企业参会不仅希望客户现场下单，更希望借行业展会的平台提升自身的知名度、曝光度，展示自身实力，吸引潜在客户的注意并引发其采购兴趣。

在专业性媒体发新闻稿、软文、打广告，这是 B2B 企业营销传播的标准动作。 在行业杂志、网站、公众号，行业大 V 公众号自媒体以及百度、谷歌搜索引擎上打广告发软文（包括新闻报道、采访，企业深度分析等），是 B2B 企业营销传播的不二选择。B2B 行业杂志、网站、公众号、行业大 V 自媒体的受众/粉丝多数是企业潜在的目标客户，而百度、谷歌搜索引擎能精准匹配潜在客户的主动性采购需求。由此可见，这类平台是打广告、发软文的"胜地"。

举办或赞助行业峰会、专业性讲座，传播于无形，这是 B2B 企业营销传播的高级手段。 一方面邀请潜在客户参会，另一方面邀请行业、政府、高校专家出席演讲。企业自身以赞助商、协办者身份出现，会议现场以行业问题、热点、趋势为内容，显得客观而中立。

这类会议类活动，让专家站台，起到担保背书的作用，有利于提升客户的信任度，建立行业引领者、专业造诣深厚、企业综合实业强大等权威的、正面的品牌形象。潜移默化地改变客户的认知，而不是生硬的广告与推销灌输，这才是高级的营销传播。

即便是 B2B 企业最重视的客户拜访和面对面推销，同样需要营销传播的内容及技巧，只不过传播媒体由网站、公众号、专家，换成了销售人员自己的嘴而已。

销售人员与客户的沟通交流，不仅是对企业产品与服务的介绍，不仅要提供更多的附加服务，也不仅是做事先做人，建立人与人之间的信任，还要建立企业品牌的信任。

要建立对企业的信任，每个销售人员都应成为企业品牌形象的营销传播大使，要学会讲故事。这类故事的素材包括创始人经历、企业文化价值观、同类客户的使用案例等。当然，这些故事素材不应由销售人员采集归纳，而应由专业的、训练有素的营销策划人员采集、归纳、撰写并实施培训。

B2B 企业同样需要打造品牌，还需要进行各个层面的营销传播，只不过相对于 B2C 企业，其营销传播相对简单一些。

营销外功之促销策略

> **特别提示**
>
> 本节内容各行各业营销人都适用,消费品业/生活服务业尤其适用

促销活动:立竿见影,人见人爱!

促销活动是营销人的最爱,因为销量、流量会立竿见影地迅猛增长;促销活动也是顾客们的最爱,因为他们会得到真正的实惠,因为促销的本质是企业产品、服务的阶段性让利及投入。

一年一度的天猫双 11 促销节已经演化成了全国乃至全球消费者的购物狂欢节,无数人熬到深夜,只为抢购! 2019 年双 11 这一天,天猫平台成交额高达 2600 多亿元,相当于

1000家沃尔玛店一年的营业额！这就是促销的魔力！

针对消费者促销的形式多种多样，有免费试用、买赠、特价、优惠券、积分兑换、抽奖等。

免费试用是最常见的促销手段之一，这基于一个基本前提：产品品质的确好，且目标顾客能够感知到这种好品质。如果产品不怎么好，那千万别用免费试用这一招。传统品牌出新品时，会有一大笔推广预算用于免费试用、试吃，这一方式，宝洁、伊利等大公司屡试不爽。网络小说、视频、音频、游戏等精神文化产品先免费试看、试听、试玩一部分内容章节，让你欲罢不能，随后不得不乖乖地掏钱看、听或玩下一部分内容。各类工具类、平台类 App 和软件普遍采用限时或限基础功能试用的方式，待培养起目标用户使用习惯后，再全部收费或针对附加功能收费，以完成用户收割。

买赠活动也是常见的促销手段之一，即在确保产品品质、价格不变的前提下，用赠品诱导顾客购买。买赠活动成功的关键是：赠品是否是顾客所需，是否新奇特，是否具有高附加值？赠品的至高水准是顾客"买椟还珠"——本来产品可买可不买，但因为有了独一无二的赠品，那就一定要买！那种同类产品买一送一的促销活动，就是变相的降价，尽量少用，对品牌伤害很大，除非是清库存或这本身就是你长期性的产品策略。

特价特卖更是商家常用的促销手段。人虽有贫富差距,但买特价商品图实惠的心理却没什么差别。特价是直接的、限时性的降价,过时不候,这就逼迫那些有需求却犹豫不决的顾客迅速下单。促销方式五花八门,但要立刻提升销量,特价活动最直接、最有效。

作为商家,要重视特价促销,但要注意三点:其一,特价不能天天做,过于频繁有损品牌形象和企业利润,顾客也会麻木,甚至会有上当受骗的感觉。其二,每次特价(也包括买赠活动)得师出有名,比如周年庆、贺新春、乔迁之喜等。其三,注意特价商品与正价商品的搭配销售,顾客若只购买特价的,商家何来利润?不要为了特价而特价。特价活动隐藏着商家的一个核心目的:引流,只有最大限度地引流至线上、线下门店,才可能有搭配销售,才可能销量最大化。

优惠券即时领取即时使用,就是变相降价、特价。若即时领取限定下次使用,则是为了提高复购率。

积分奖励活动,则是为了吸引顾客长期地、持续地消费,为了加强顾客消费黏性,强化品牌忠诚度,适用于线上、线下零售、出行、理财、文娱等高频消费领域。

抽奖活动人人喜欢,奖品越丰厚、越新奇特,人们越有兴趣参与。尤其是在网络时代，点点鼠标或手机屏就有低门槛甚至无门槛的抽奖机会，人们岂能错过？支付宝曾经搞了个免单转发抽奖活动，唯一中奖者所得奖品总值超亿元，这引发了亿万网民的热议，让"中国锦鲤"成为2018年年度热词。若能将促销活动转化为新闻事件，实现销售与广告效应双丰收，这便是促销策划的最高境界。

许多公众号为提升浏览量绞尽脑汁，有奖"转发集赞"以及评选拉粉，这两招很普通但很有效。

B2B产业以及B2C产业里的渠道激励，最常见的促销形式是"进货奖励"，即限定时间内订货，根据数量、金额的不同给予不同档次的返利或货品奖励。针对渠道商进货奖励促销是典型的急功近利、竭泽而渔的行为，仅仅是企业与渠道客户之间的产品移库、囤货行为，无关于终极需求，无益于企业终极销量的增长，要尽可能少用，最好是不用。

促销活动容易上瘾，常常是一促就动，不促不动，容易陷入恶性循环。

需要引流且产品繁多的零售业和电商平台应该高度重视各类促销活动，甚至可以视之为核心营销策略。

除此之外，品牌企业、生活服务业、B2B企业应该视促销为战术性行为，尽量克制，不要频繁使用。

促销活动策划实战时应注意以下几点：

尽可能组合运用。不能高度依赖单一促销形式，尤其不能长期依赖"特价"这种有损品牌形象、让利巨大的促销形式，在不同时期应轮番使用不同的促销类型。

尽可能针对目标顾客展开。许多让利型促销表面上热热闹闹，但来的都是无效顾客。当年轰轰烈烈的O2O商业大战，什么一元钱上门洗车、美容美甲，吸引的尽是囊中羞涩的年轻人，真正需要上门服务的高端人群才不屑于这些促销小把戏。

尽可能设定促销门槛。不是所有人都可以免费或享受特价，没有门槛，顾客就不会珍惜。通过设定数量、金额、消费频次、区域、年龄、职业等方面的限制，锁定目标顾客，让目标顾客倍感珍惜、珍贵，同时淘汰非目标顾客。

尽可能让目标顾客有参与感。线上、线下鼓励顾客发表点评、转发、拍照、创意表演进行口碑传播。抽奖、评奖以及限定条件下的免费、特价，这些促销活动顾客的参与度较高。因为大量顾客的参与，这类促销一不小心就成为社会舆论的热点，这真是意外之喜。

无论哪个产业，除新品上市需要外，平时应尽可能少用或不用进货奖励渠道促销策略。对注重长期发展的品牌企业而言，杀鸡取卵式的进货奖励渠道促销，会影响渠道价格的稳定，导致企业的利润有损失，还可能会造成"内外勾结"，有百害而只有一利。那一利是，短期经营数据好看，能暂时保住营销经理人的饭碗。至于长期？营销经理人都在不停地跳槽中发展，哪管原来的企业洪水滔天。

促销活动人见人爱，如何好用却非常考验营销策划人员和营销管理人员的基本功。

营销外功之人员推销

> **特别提示**
> 本节内容适用于所有营销人，基层销售人员/策划人员尤其适用

打动人心的12字销售口诀：晓之以理，动之以情，诱之以利

物质与服务过剩的社会，销售为王。

无论B2B还是B2C产品，无论线下还是线上，无论人员还是非人员，销售的本质无非就是沟通与说服。

与顾客沟通并说服顾客购买，这其中有很多策略技巧。要想高度概括形形色色的策略技巧，不外乎这12字销售口诀：晓之以理，动之以情，诱之以利！

B2C 企业，特别是食品、日化等快速消费品企业，顾客数量众多，分布广，购买单价低，因此面对面的推销并不是主要策略。多数 B2C 企业的销售活动，整体营销策划创意是关键，核心依赖广告、公关与促销活动，即通过各类信息媒体，以视频、图案、文字等形式与顾客沟通，说服顾客购买产品或服务。

晓之以理，即介绍产品的功能、质量、原料、工艺、款式等各方面的特点与优势，并用事实案例、权威专家的话加以佐证，讲道理摆事实，以理服人，满足顾客的理性消费需求。动之以情，即诉求爱情、友情、孝心、母爱、人情、乡情、虚荣、炫耀等感情，从情感心理角度打动人心，满足顾客的感情消费需求。

各类 USP（独特的销售卖点）、各类理性及感性广告、各种定位，都围绕"晓之以理，动之以情"这 8 个字展开。各类促销活动，特卖、打折、买赠、秒杀、抽奖、积分等促销形式，都围绕着"诱之以利"这 4 个字，临门一脚，促使顾客下单购买。

一些有门店的 B2C 企业（比如房产、汽车、家电、家具、服装等），整体营销策划固然重要，但现场导购的销售推荐也很重要。导购的销售核心口诀仍然是这 12 个字：晓之以理，动之以情，诱之以利。

先晓之以理：强调产品的优点、特点、性价比；……

再动之以情：好心情、有面子……

最后是诱之以利：现在买是史上最低价、有赠品、限量……

B2B（包括B2G）企业，那些广告、促销创意策划之类的都是浮云，都不太重要。搞定大客户才是销售工作的重中之重！面对面的大客户销售，永远处于企业营销领域的核心地位。

如何搞定大客户？万变不离其宗，仍然是这12字销售口诀：晓之以理，动之以情，诱之以利！

B2B企业的客户，数量少但购买金额大，且均为理性的、专业性的购买，"晓之以理""以理服人"是大客户销售工作中的基础技能。

晓之以理，强调产品的功能、质量、原料、工艺、款式方面的特点与优势，特别强调产品及服务能给客户带来的各方面的利益，稍带总结竞争对手的缺点、劣势，多讲具体的、真实的老客户购买案例，多多引用老顾客的正面使用评价。摆事实讲道理，严密严谨地游说客户："购买本企业产品是您的最佳选择。"

大客户销售，不仅要晓之以理，还要动之以情。这里定义的"情"，与B2C企业的"爱情、快乐、炫耀"等情感诉求完全不同。

大客户采购本身追求性价比，追求完全理性，但采购的人并不完全理性。

功夫在诗外，做事先做人。

动之以情，可以借用人情之情。设法认识采购者的亲朋好友，让这些亲朋好友为你说话。人是社交动物，同样条件下，亲朋好友的只言片语都可能影响到决策者，如果有更高层人脉关系，效果会更好。

动之以情，可以借用同情之情。销售人员可以诉说生活之不易，可以讲述工作的酸甜苦辣；也可以用烈日炎炎、大雪纷飞中的多次拜访，用自己的努力与坚持，用实际行动打动人心，来激发客户的同情心。

动之以情，可以借用感恩之情。采购者本人及家庭，工作或生活中总有不如意的事，能不能主动为其排忧解难？相信付出总会有回报。

晓之以理是公对公的说服，动之以情是私对私的交流，诱之以利则是既对公又对私。

对公而言，企业应有购买折扣、限时限量优惠、附赠服务等让利促销活动。

对私而言，可以赠送公司礼品、家乡土特产，可以陪同一起培训、考察旅游，也可以有一些节假日红包赠送。

如何让采购者乐意及安全地接受卖方的一片心意，避免受贿之嫌疑，这其实是大客户销售工作中永恒的难题。

一般而言，许多产品的采购者不止一人，有决策者、影响者、意见提供者等，身份职位错综复杂，有企业内部使用人员、采购人员、外部专家、企业中高层领导等。

真正的大客户销售高手必须在短时间内了解企业内部的组织人事关系，职责权限，并根据相关人员的重要性分配自身的时间、精力和财力资源，系统推进、重点突破，以12字销售口诀为核心，展开各个层面的沟通与说服工作。

无论多难，营销人们，特别是冲锋一线的销售人员，请务必牢记、理解、熟练运用这打动人心的12字销售口诀：晓之以理，动之以情，诱之以利！

> **特别提示**
>
> 本节内容适用于基层营销人员,终端面对面销售人员/大客户销售人员尤其适用

面对面销售技巧:一看二听三问四说

所有销售的目的都是满足客户的需求:B2B 销售是为了满足组织客户的理性需求及采购者的相关感性及附加需求,B2C 销售则是为了满足个人客户的理性和感性需求。

组织及个人客户的需求多种多样,理论上要事先做好市场调查、信息收集工作。现实是,客户需求的收集永远不充分。面对面销售,即时收集信息、洞察需求、随机应变,投其所好地说服客户,这是每位销售人员的基本功。

销售不是侃侃而谈,也不是单方面的推销,专业的销售人员必须控制自己说话的欲望,特别是一开始接触客户

时,一定要冷静,要后发制人。

专业的销售人员必须做到知彼知己、察言观色,坚持一看二听三问四说的销售基本原则,次序尽量不要颠倒,尤其不能将"说"放在第一位!应时刻提醒自己:销售因人而异,到什么山头唱什么歌。

当不知客户真正的需求时,单方面一厢情愿地推销游说,犹如无头苍蝇,瞎猫碰上死耗子,拿到订单纯属运气。一看二听三问,这看、听、问的目的在于深刻洞察客户的显性需求和隐性需求、主要需求和次要需求,最后的"说"才能有的放矢,投其所好。

一看,怎么看?看客户穿着装扮,可初步判断出客户的身份地位,看客户的无声语言(包括坐姿、表情等行为举止等),客户的表情是微笑、严肃,还是无感?由此可初步判断出对产品的态度与兴趣。

二听,听什么?听客户的需求,听客户的牢骚抱怨,听客户的兴趣爱好、家长里短。一定要有耐心地、认真地听。客户愿意说,意味着对你的产品感兴趣,嫌货才是买货人。

三问,问什么?喜欢开门见山喜欢说的客户毕竟不多,怎么办?尽量问,问客户的需要,问客户的担忧,问客户的日常兴趣等,能够问就尽量问,多多益善。问得越多,客户说得越多,他的需求越清晰,你下一步的销售游说越有针对性。大客户销售人员应懂得 SPIN 询问技巧：S（Situation Question）是情况询问，P（Problem Question）是问题询问，I（Implication Question）是暗示询问，N（Need-pay off Question）是需求确认式、方案解决式询问。SPIN 询问法能了解大客户的真正隐性需求，实战性强，这应是大客户销售人员的提问基本功。

四说。一看二听三问的目的都是为了了解客户的各类需求动机兴趣爱好，从而随机应变地组织设计自己的销售谈话术。

销售的初始阶段，不应单刀直入，就产品谈产品，而应以建立良好的第一印象为重点，不要吝啬对客户的赞美之语。

赞美是对客户的尊重，赞美能迅速拉近顾客的心。如何赞美是门学问。

我们要寻找出可以赞美的点：这个点必须是客户真正的优点或者是客户自认为的优点，这样赞美，客户才能从内心深处感受到你的真诚，即使这是一个美丽的谎言，客户也会很喜欢。客户的优点可以从多个方面来寻找，例如：客户的事业、长相、举止、语言、性格、兴趣、家庭等。但如果你察言观色、调查分析不到位，将客户的缺点当作优点来赞美，那就只能适得其反。

用于赞美客户的词语很多，比如下面一些常用语：您真幽默！您真有品位！一看您就是行家！您学识真渊博！和您聊天真愉快！您的性格很直爽，真希望能跟您交朋友！您的气质真好，像明星一样！和您说话真是倍感亲切！您很有领导的风范和魅力……

赞美是为了获得客户的信任，要想客户真正下决心购买，还需要更多理性的、感性的说服技巧。FABE销售游说话术，则是专业销售人员的必备技能：F代表特征（Features），A代表优点（Advantages），B代表利益（Benefits），E代表证据（Evidence）。

F代表特征（Features）：指产品的功能、特性等最基本的属性。例如从产品名称、产地、材料、包装、工艺、特性等方面深刻挖掘产品的内在属性。你所销售的产品一般有常规的、行业通用的特性，也一定有竞争对手所不具备的差异化功能、特性。

A代表由这些特征所产生的优点（Advantages）：即（F）所列的商品特性究竟发挥了哪些作用？有哪些优势？这些优势可以同竞争对手产品相比较，也可以与以前的产品比较而得出，比如，更耐用、更高档、更安全、更简便……当客户对你描述的产品优势无感觉时，可以用反向劣势、缺点恐吓诉求法：没有这些特点会产生什么样的后果，如容易坏、更耗电、不安全等，激发客户的担忧，从而珍惜自身产品的特点优势。

B 代表产品带给客户的利益（Benefits），即（A）商品的优势带给客户的好处。客户真正需要的是产品带来的利益，一切以客户利益为中心。只有通过强调客户得到的利益，才能迅速激发客户的购买欲望。比如，组织客户关心的利益有：提升效率、提升品质、节约成本，等等。个人客户关心的利益有：美丽、健康、省心省力省钱，等等。

E 代表证据（Evidence），包括购买记录、技术报告、顾客证言、报刊文章等相关证明文件，用于印证刚才的一系列特点、优势和利益，即 FAB，来证明此非虚言。所有作为"证据"的材料都必须要足够客观、权威、可靠和可见证。

FABE 销售法则是非常具体的、可操作性很强的典型的利益推销法。其标准句式是："因为（特点）……从而有（功能）……对您而言（好处）……您看（证据）……"

特点

"因为……"特点，是描述商品的款式、技术参数、配置；特点，一般是有形的，这意味着它可以被看到、尝到、摸到和闻到；特点，只是回答了"它是什么"。

作用、优势

"从而有……"作用,是解释了特点如何能被利用,带来了哪些优势;作用是无形的,这意味着它不能被看到、尝到、摸到或闻到;作用,回答了"它能做到什么……"

好处

"对您而言……"好处,是将作用/优势进一步解读成一个或几个购买动机,即告诉顾客将如何满足他们的需求;好处是无形的,包括省心省力省钱,自豪感、自尊感、显示欲等;好处,回答了"它能为顾客带来什么好处"。

证据

"您看……"证据,是向顾客证实你所讲的好处;证据是有形的,可见、可信;证据,回答了"怎么证明你讲的好处"。

FABE法简单总结,就是在找出产品的各种特征后,分析这些特征所产生的优点,强调这一优点能够带给客户好处,最后提出证据,证实该产品的确能给客户带来好处。通过四个关键环节的介绍,巧妙地处理好了客户关心的问题,满足了其需求,从而顺利实现产品的销售。

实践中,我们许多销售人员一开始并不知道顾客需求,即不知道顾客的问题,所以我们必须先用一看二听三问的方法来了解顾客的需求,才能用FABE销售法则说服顾客。

不知顾客需求而生搬硬套 FABE 销售法则，答非所问所需，销售效果就只会适得其反。

实践中，我们并不一定要遵循这 FABE 四步销售步骤，ABE、BAE、BAF、BFAE 等也都可以。无论如何，一定要迎合客户的需求，解答其关心的问题。

对于 B2C 行业的终端面对面销售人员而言，比如住房、家电、家具、服饰、美妆、奢侈品以及生活服务业的销售顾问、导购、技师等人员，熟练掌握运用一看二听三问四说的销售技巧，就已算基本称职。

对于 B2C 行业的市场策划人员而言，虽然不需要现场的一看二听三问四说，但必须在听取公司优秀销售人员一看二听三问四说的经验后，结合理论进行总结提炼，形成一看二听三问四说销售术语手册，并以现场演示、远程视频等方式持续培训，从而整体上提升公司面对面销售人员的销售技能。

对于 B2B 行业大客户销售人员而言，一看二听三问四说仅仅是行业入门的基本门槛，仅有这些技能还远远不够。大客户销售是错综复杂的系统工程，还是斗智斗勇无硝烟的战争，需要更专业的销售技巧和更强的能力。

> **特别提示**
>
> 本节内容适用于 B2B 行业销售人员，B2C 行业不适用

B2B 大客户销售：抢单九式

这里先给 B2B 大客户下个定义：给企业带来大订单的终极需求客户。比如生产设备、工程基建、大宗商品、企业软件等的政企单位客户，但不包括承担配送流通功能的渠道客户（批发商与零售商），因为这些客户的需求非终极需求。

B2B 大客户有以下几个特征：客户数量少，但购买金额大；购买决策复杂，购买周期长；理性购买，注重性价比；常需要公开招标，且以多方竞争的暗标为主。

B2B 大客户销售的复杂性和艰巨性远超过 B2C 行业的人员销售。B2B 大客户销售才是真正意义上的销售人员，

是智勇双全的特种兵；B2C 行业销售人员只能称为销售渠道管理人员、销售代表、导购员，只是普通的士兵。

下面总结的大客户抢单九式，仅仅是大客户销售的基本常识基本招式，真正的销售高手是融会贯通，触类旁通，无招胜有招。

1. **判断概率**。抢单第一步：根据事先了解到的相关信息，判断抢单成功概率：是稳操胜券，还是胜算不大？只有在判断概率的前提下，你才能进行下一步行动：是集中兵力重点投入，还是常规销售；是广种薄收点到为止，还是干脆放弃？

如何判断概率？核心考虑三个层面：其一，判断客户产品需求与本企业产品的吻合度，即本企业产品的竞争力和性价比。其二，判断竞争对手的产品力和销售力，竞争对手若很强，我们则应避实就虚——受时间、精力、财力限制，总有强敌无力顾及的客户。其三，判断我方的各方面实力，包括产品、服务、资金、人脉等。产品、服务、价格、付款方式是硬实力，人脉资源是软实力。

2. **建立人脉**。大客户采购错综复杂，涉及使用者、建议者、决策者等人员，环节众多。如果你本来就有客户内部决策层的人脉，那恭喜你近水楼台先得月。

如何建立人脉？你可以通过第三方熟人介绍，或是反复登门拜访；你要不时地表达问候；大客户销售，放长线才能钓大鱼。

3．**以理服人**。大客户采购很理性，注重性价比。你必须显得理性、专业、权威；还必须非常熟悉自己企业的产品，对于产品的属性、优点滚瓜烂熟；你要熟练运用 SPIN 询问法以及 FABE 利益推销法则，要习惯于多讲产品案例，多为客户提供个性化需求满足型解决方案。讲道理摆事实，从逻辑角度，理性角度出发说服客户，说一千道一万，任何大客户购买的基础前提都是产品的性价比。在前面获得客户信任的基础上，可以偶尔强化一下竞争对手在产品、服务方面的缺点，以己之长攻敌之短，岂能不获胜？

4．**以情动人**。人是理性动物，也是感性动物。大客户采购代表组织，那是冷冰冰的理性，但作为个人，他有七情六欲，可能仅仅因一念之差就把单子给了某一方。他有乡情，你能不能创造"老乡见老乡，两眼泪汪汪"的感人场景，能不能送他家乡的土特产？他有同情心，你能否通过上门拜访来激发他的善心？你能否以一句"请您支持我，没有这一单，我就要丢工作了……"或一句"请您支持我，这是我入职以来第一单，我想证明我自己……"来激发他的同情心？

5. 以利诱人。 大客户组织需求的直接利益，除了产品本身的性能外，不外乎限时限量特惠，延长付款时间，延长保质期限等加强竞争力的手段。

大客户销售中，一般卖方报价外总有一笔客情费、公关费、招待费预留，这笔钱怎么用很有讲究。一些行业投标项目，有将客情费等当中间人佣金的惯例，客户相关中间人就可以冠冕堂皇地拿这笔钱，前提是该中间人真正发挥了作用，项目真正中标。实务中，事成后的相关佣金约定，你可以写张欠条，给中间人吃个定心丸，以驱动他卖力运作。但欠条怎么写大有学问，以下欠条示例堪为经典：

欠条

×××项目中标人[投标编号……×××（身份证号……）]欠×××人民币×万元，此据。

×年×月×日

该欠条暗含着一个前提，必须是项目中标；若不中标，该欠条就是无效的。

6. 投其所好，助人为乐。 以理服人、以情动人、以利诱人都还是直接围绕产品销售本身而展开，功夫在诗外，想方设法了解、获取大客户关键人的兴趣爱好、价值观念，并投其所好，得到客户的认同，与他交朋友，这才是真正的 B2B 大客户销售高手。

如何了解大客户个人的兴趣爱好？看其办公室摆放，是注重风水，喜欢字画还是爱好花草？你据此应有初步的判断；与其同事、下属交流，查阅相关报道，你会得到更多的信息：是文人雅士，户外达人，顾家男人，还是热衷养生？

知道了人家兴趣爱好，还得真正投其所好：爱好旅游谈旅游，爱好字画送字画……

不仅要投其所好，还要助人为乐。客户有兴趣爱好也有个人、家庭事业生活方面的困难困惑，你能否雪中送炭，替人家排忧解难？人家子女无门路就读好学校，你能否替他搞定？人家要晋升却苦于无处发表论文，你能否出手相助？

投其所好，又助人为乐，相信客户关键人一定会成为你的朋友。

7. 釜底抽薪，直接挖人。如果上面晓之以理、动之以情、诱之以利等手段都无法生效，只能说明竞争对手的销售能力及人脉过于强大，或者客户相关人员过于铁石心肠。那怎么办？那只能守正出奇、剑走偏锋、挖人抢单。竞争对手的销售人员能力强、人脉广？直接许诺给他在我方单位或关联单位更高的薪水、更高的职位、更美好的未来。

商战没有永远的敌人,只有永远的利益。只要你有足够的诚意,挖人抢单就一定能成功。有时,真正掌握大订单归属的是客户内部的关键人员,当前面以理服人、以情动人、以利诱之、投其所好等招数用尽仍无效果时,最后不妨试试客户内部挖人招数。

8. 静观其变,静等风来。 许多大客户的采购是长期的,如果前面正招奇招都不起作用或没有条件运用,那只能暂时放弃短期的销售机会,不在乎一城一池之得失。要把握长期的机会,前提是你有足够多的时间与耐心。

静等本企业产品的更新换代,定价、付款条件的改变,判断产品力的提升能否满足客户的需要;静等竞争对手销售人员的变动,是否强者去弱者来,静等对手产品的价格竞争力弱化;静等大客户内部人人事的关键变动,静等竞品支持者的辞职、退休、调离,静等你所支持的、支持你的客户内部人员晋升掌权。彼消此长,最后客户内部都是你的人脉,何愁没订单?

9. 竞标门槛,量身定做。 理论上,任何客户产品、项目若公开招标,就一定要公平公正,不得暗箱操作,但现实中很难有真正的公平公正。何为公平公正?这本身难以定义。客户招标一般要对竞标各方的产品、技术、服务等方方面面打分,若没有事先充分的沟通交流,相关专家、相关人员又如何打分？

只要有沟通、交流、接触，那就一定有销售人员理情利等方面运作的空间。如果你销售能力足够强，人脉关系足够硬，客户的招投标可能就是走形式过过场而已，客户甚至可能为你企业的产品量身定做投标门槛，而将你的主要竞争对手拒之门外。常规的投标门槛包括：注册资本金、企业成立时长、技术指标、付款方式、送货速度、保修期限、维保响应速度等，采购合同中的任何一条竞争对手做不到的条款，都可以成为阻挡其竞标的门槛。

让客户为你定制投标规则，销售做到这份上，订单能不手到擒来？

B2B 大客户销售是一项系统工程，这九大招式运用已经很不容易，而且这九大招式的背后还隐藏着一个基础技能前提假设：洞察需求，知己知彼的信息获取能力。

无论是 FABE 利益导向法下的以理服人，还是利用乡情、人情、友情的以情动人；无论是金钱利益至上，还是在兴趣爱好上投其所好，还是替人家排忧解难，你都得懂其心知其忧，才能有的放矢、见招拆招。

真正的大客户销售高手不仅有一看二听三问、察言观色的基本功，甚至还得侦探般地了解客户的上下班路线、差旅行程，以深度了解客户、接近客户。

B2B 大客户销售，上述九大招数仅是剥丝抽茧式的总结，如何灵活运用，奥妙无穷。

若好学的你真有志于 B2B 大客户销售，建议深度阅读《输赢》《圈子圈外》《沉浮》《抢单日记》等经典 B2B 商战小说，书中各方销售高手做人做事，斗智斗勇，情节跌宕起伏、引人入胜，更有助于对大客户抢单九式的理解。

营销基本功

营销管理篇

营销组织管理与营销人

> **特别提示**
> 本节内容各行各业的营销人都适用,营销中高层、营销策划人员尤其适用

营销计划书,怎么写?

做事谋定后动,营销人应该深知营销计划的重要性,应该懂得如何撰写营销计划书。

理论上,一套完整的营销计划书应包括以下内容:概要,市场环境分析(行业环境分析、客户需求分析、竞争者分析、企业内部能力分析、SWOT分析、关键问题点分析等),营销目标(销售额、回款额、市场份额等目标),目标客户与市场定位,4P策略组合(产品策略、定价策略、渠道策略、

市场推广策略；其中，渠道策略又可分为直营、经销（代理）、电商等策略，市场推广策略又分为广告、顾客促销/渠道促销、人员推销、公共关系、事件营销等，营销组织构架与人员配置，行动时间表及营销费用预算等。

上述标准的营销教科书式架构看起来简单，但要写出完美的、切实可行的计划书很难。以下三大难点需注意：

1. **市场分析是一切策略行动的基础。** 系统而深入的分析需要敏锐的消费者、大客户、竞争者洞察，需要多年的行业经验，需要对企业内部资源能力有全面了解，需要对内外部各种有利或不利的因素反复权衡，才可能切中肯綮地找出市场中的问题点及机会点。市场分析环节，无须创意，而要逻辑严谨、条理清晰，需要理性思维。

2. **营销目标要尽量准确，要可实现、可达到。** 目标源于预测，销售额、回款额预测是企业一切人力、物力配备的基础，如果预测失误，无论高低，都会严重影响企业的经验绩效。预测过低，可能造成供应链紧张，白白浪费市场销售机会；预测过高，广告费、公关费、促销费及管理费超支，产品库存积压，不仅利润不及预期，还会影响资金周转，严重的还会直接导致企业经营亏损甚至破产倒闭。

但是，精准的市场预测谈何容易，不仅需要营销计划者专业的预测能力，还受制于企业的营销费用预算是否足额，产品、渠道、市场推广策略执行得是否到位。

3. 以终为始，不忘初心，一切营销策略以目标客户的需求为中心。计划书要清晰地界定：谁是你的客户？ToC 企业，要有目标顾客的画像，包括年龄、职业、心理、行为习惯等；ToB 企业的客户数量不多，但也要锁定其规模、区域、行业、决策模式等信息。写计划书时应时刻牢记：市场定位、产品组合、广告促销……一切策略都因目标客户的需求而生！

但是，产品策略可能受制于研发、制造，往往是研发工程师导向；价格策略可能受制于成本及短期利润压力，往往是老板自身目标导向；公关广告可能受制于第三方服务机构，往往是美感创意导向……以终为始，不忘初心，坚持目标客户需求导向的营销计划，说着容易，做起来真的很难。

撰写出一份优秀的实战至上的营销计划书不容易，即便是对那些身经百战的营销高层而言。每个企业每年面对的内外部营销环境均在变化，假设前提不同，营销计划书也应顺势而变。

行业不同，营销人的层级权限不同，营销计划书的重点不同，无须面面俱到。

上述的营销计划书标准步骤，适用于企业营销高层，至少是市场总监及以上级别。

市场部品牌经理、市场策划人员撰写相关计划书应重点突出市场环境分析、市场定位、广告、公关、事件营销等内容，无须在渠道策略、人员推销、营销组织构架等方面多费笔墨。

区域销售经理撰写年度营销计划书，上述计划书框架结构基本适用，应重点撰写区域市场环境分析、区域渠道策略、区域市场促销等内容，可略写或忽视定位、定价策略、广告公关策略。事实上，多数区域经理几乎没有制定此类策略的权限。除此之外，区域经理的年度营销计划书撰写应注意以下两点。

其一，区域目标销售额预估问题。预估下一年度的销售额是区域经理的首要任务。如果企业营销政策和市场环境相对稳定，区域经理对市场有足够的敏感度，销售额预估偏差不会太大。但事实是，区域经理往往会故意低估销售额，以争取更多的销售提成收入（许多企业以完成任务的百分比作为提成依据，目标销售额越低，达成率越高）；另外，害怕领导鞭打快牛，如果报低销售额，就尚有与总部讨价还价的余地。

基于个人利益及博弈思维而故意低报目标销售额，这种心理可以理解，但不应提倡。

其二，区域营销费用预估问题。与低估销售额的心理恰恰相反，区域经理往往故意高估营销费用，以期得到费用节约的奖励或者作为与总部讨价还价的筹码。其实这没有必要，区域销售额预估的确有较大难度，但营销费用中的人员工资和奖金以及差旅、公关、渠道等费用的预估难度相对较小。若区域经理的营销费用预估与总部的测算相差太大，不但营销计划书难以审批通过，还可能会因为立场、态度问题而影响到个人职业发展。

对于营销类、管理类科班出身的区域经理而言，只要不苛求完美，合格的营销计划书就不难写。但对那些知识能力欠缺的执行型区域经理而言，撰写市场分析及策略类营销计划书可能比登天还难。

B2B 行业的营销计划书没有 B2C 行业这么细致复杂，定位、广告、公关、促销、事件营销策略都不那么重要，营销高层及市场策划人员撰写时着重于：客户、竞争、内部资源分析以及营销目标、价格策略、会展推广计划、销售人员配备等内容。

B2B 大客户销售人员及面对面销售人员的营销、销售计划书的主要内容包括：客户需求分析 + 竞争分析 + 企业内部资源分析 + 销售目标 + 产品策略 + 定价策略 + 推销与谈判策略技巧 + 行动人员及时间 + 预算。

不打无把握之仗，计划是一切行动的前提。虽然行业之间的职类、职层不同，营销计划书的侧重点不同，但万变不离其宗，分析——目标——策略——行动时间 + 人员配备——预算，以上五步骤不应缺失；分析——目标——策略，这三大核心内容则是计划书重点中的重点。

> **特别提示**
>
> 本节内容消费品业／持续供应类 B2B 企业适用，营销中高层／销售人员尤其适用

过程管理，互惠互利：销售政策的真谛

销售政策分为两大类：内部销售人员管理政策及外部渠道商（经销／代理商、零售商）销售政策。

销售政策是营销策略的落实，是驱兵作战的保障，考验的是企业销售系统的执行力。

内部销售人员管理政策一般以销售责任书、岗位职责表形式签字确认，核心内容包括销售额目标、回款额目标、销售区域、销售权限、奖励考核、惩罚考核条件等。

外部渠道商销售政策，大部分以销售合同形式经双方签字确认，少部分以甲方企业发文通知形式告知。

制定针对内部销售人员的管理政策比较简单，经沟通并强制通过即可；针对外部渠道商的销售政策相对复杂，涉及不同法律主体，要厂商各方沟通并谈判后才能以合同形式正式确定。

渠道商销售政策主要包括以下内容：价格，结算方式，折扣条件（包括数量折扣、金额折扣、增长折扣、专营折扣、新品折扣等），市场管理条款（包括销售区域、客户限定、最高价和最低价限定等），市场支持条款（包括公关、广告、物料、人员支持服务等），以及违约、保密条款等。

无论 B2C 还是 B2B 产业，针对渠道商的销售政策不外乎上述这些内容。即便是 B2B 终极大客户直销，除市场管理条款外，其他条款也基本适用，只不过双方要谈判博弈，不是由销售方说了算，事实上往往是客户方更强势。

渠道商销售政策的核心是结算、折扣及市场支持政策。理想的销售政策制定应以过程管理为方针，以互惠互利为原则，不应以短期的销售目标为导向。

不同市场规模渠道商应享受不同的信用额度、人员支持、资金及管理支持等销售政策。预计销量越大的信用额度越多，市场支持也越多。必须强调的是，无论销量大小，信用额度和期限都应严格控制，这涉及企业的生命线——资金周转率问题，来不得半点马虎。

不同的渠道商级别，公司给予的价格及折扣政策应基本一样，这有利于市场价格稳定有序，更有利于市场的长期发展。相对强势的消费品品牌应坚持全国统一出厂价政策，年底返利政策也不是必须，企业销售人员不必与渠道商讨价还价，不必浪费时间，但这有个前提：严格的价格管控制度，给渠道商合理的、长期稳定的产品利润空间。

我非常敬佩的精通营销的两大企业家（段永平先生：小霸王、步步高学习机操盘者，OPPO、ViVO、拼多多操盘者的师傅；李永军先生：喜之郎果冻、优乐美奶茶、美好时光海苔等休闲食品品牌操盘者）不约而同地制定了同样的渠道价格政策：经销商无论规模大小、订单大小，产品出厂价格一样，零售价格一样，公司没有额外折扣和年度返利。

相同的渠道商级别，信用天数政策应一视同仁。做销售，要学会控制资金风险，信用额度及天数的限定即为了加快资金回笼速度，更是为了控制资金风险。信用额度决定了经销商欠款金额的上限，而信用天数则决定了欠款的最长期限。如果渠道商违背信用额度和信用天数中的任意一项，企业财务部门应立即卡住订单。某大公司销售合同中明确规定：经销商回款超过信用期限三次，信用额度即降为零，转为现金客户。

厂方人员派驻管理以及帮助组建专营队伍协助销售，是许多知名消费品大企业销售政策的重点。派驻的厂方代表通过管理经销商及其下属销售代表，开展终端终极客户拜访沟通、市场推广等工作，最大限度地实现区域市场的精耕细作。

针对渠道商的销售政策，一定要基于市场的长期发展，基于厂商双方的互惠互利，过严、过宽、过于短期的销售目标导向皆不可取。

一些企业针对渠道商销售政策的常见误区有：

误区一：坚持现款现货政策。现款现货，资金风险为零，是许多厂家孜孜追求的理想状态。坚持现款现货政策，其前提是产品供不应求，非常畅销；产品力、品牌力一般的厂家若坚持现款现货政策，会失去大量的销售机会。厂家不承担资金风险，渠道商却要承担全部的资金风险，在如今买方市场中，这种政策最难实行。即便执行，渠道商也会转嫁风险，要么要求下游客户现金进货，要么干脆在域外整批窜货、冲货，无益于市场的良性销售。

误区二：全额赊销政策。有些公司因片面追求销售额而屈从于渠道商压力，大量赊销货物，资金风险完全压在自己身上，这是最糟糕的销售政策。许多厂家都担心货款回收问题，但在实际操作中，又常常赊货给客户，还自我辩白"与其让产品躺在仓库里，不如赊销给人家"，这样的厂家已不单单是销售政策有问题，而是企业战略、营销策略、生产计划等方面都出现了严重问题。

既不应全额现金现货，也不应全额赊销，适当的信用额度与信用天数控制，控制风险下的互惠互利，应是最佳渠道